わかりやすい

ラグビーのルール

日本ラグビーフットボール協会 監修

成美堂出版

わかりやすいラグビーのルール CONTENTS

プレーヤーの人数
チームは15名＋交替、入替えの
プレーヤーによって構成される
プレーヤーが負傷した場合は交替してよい
退場等でフロントローがいなくなれば
ノンコンテストスクラムになる
……184

ポジション
15人が10種類のポジションに分かれる
……188

プレーヤーの服装
定義された服装に
追加を認められたものを着けてのプレーが可能
レフリーとタッチジャッジが
試合前に服装、スタッドを点検
……190

試合時間
最大80分を前後半に等分して行う
ペナルティの笛では試合は終わらない
……196

マッチオフィシャル
試合はマッチオフィシャルの采配によって行われる
プレーヤーはレフリーの権限を尊重し
その決定に反論してはならない
レフリーにはいつでも笛を吹いて試合を止める権限がある
……200

タッチジャッジ
プレーヤーの負傷で試合を停止した場合
スクラムによってプレーを再開する
……206

試合には2名のタッチジャッジをおく
タッチや反則の合図は旗やそれに類するものによって示す
レフリーへの報告はプレーが停止してから行う
……208

● レフリーシグナル（抜粋）……214
● 索引……220
● 監修・協力&撮影モデル紹介……223

※本書は、日本ラグビーフットボール協会発行の「競技規則」の内容をすべて網羅していません。競技規則の中から、使用頻度の高い項目を抜粋して構成しています。

■企画・制作
コンテンツ・プラス
■取材・構成
城所大輔
上野 茂
山本道生
新宮 聡
村上ふみ
浅井貴仁
鈴木友子
岸 和也
■写真
日本ラグビーフットボール協会
長尾亜紀
斉藤 豊
■デザイン
志岐デザイン事務所
（下野 剛／奥田陽子）
■協力 明昌堂
■企画・編集
成美堂出版編集部（駒見宗唯直）

第1章

ラグビーの目的と原則

ラグビーは競技の目的と基本原則にのっとって行われることにより、その独自性を維持しつつ誰もが安全に楽しめ、しかも観戦する側にとっても魅力的なスポーツになる。

ラグビーの
目的

フェアプレーに終始し できる限り得点を多くあげる

ラグビーの目的は2つのチームが、競技規則およびスポーツ精神にのっとり、ボールを持って走ったり、パスやキックでボールをグラウンディングし得点を多くあげることにあります。そして、より多くの得点をしたチームがその試合の勝者となります。

ラグビーは身体接触を伴う競技で、本来危険が伴う。プレーヤーは競技規則を守り、自分自身と他のプレーヤーの安全に留意することが特に重要とされる

ラグビーの基本原則

1 ボールの争奪

（キックオフ、リスタートキック、スクラム、ラインアウト、ラック、モール、タックル）

2 プレーの継続

（キック、ラン、パス、ラック、モール）

基本原則を行う上でのラグビーの特質

- 手も足も使える
- ボールを持って自由に走ることができる
- 安全性を損なわない限り、防御方法に制約はない
- パスは後方に位置する味方にのみ許される
- 攻撃側プレーヤーは、味方のボールキャリアの後方からのみプレーに参加できる
- 攻撃スペースの創出は、チームのスキルによって左右される

ラグビーの
原則

基本5原則に従ってラグビーの目的を達成する

ラグビーの基本5原則は、ラグビーの根幹をなす理念です。競技に参加するものは、この基本5原則により、ラグビーが他のスポーツとは一線を画す特性を持つということが認識できるのです。

プレーの継続は、ボールをパスする、持って走る、キックする、およびラックやモールを形成することで行う

ラグビーの目的を達成するための基本5原則

❶ボールの争奪

ボールの争奪は試合のあらゆる局面で、コンタクトプレーや一般的なプレー、スクラム、ラインアウト、キックによるゲームの開始、ラック、モール、タックルで行われる。

❷攻撃／プレーの継続

ボールを獲得したチームは、フィールドオブプレー内の縦横のスペースを活用し、パスやラン、キックを使って攻撃を行う。

❸防御／ボールの再獲得

ボールを失ったチームは、攻撃している相手側にボールを運ぶスペースと時間を与えないようにして相手側の前進を防ぐ。最終的な目的は、ボールを再獲得し、攻撃に転じて得点をあげることである。

❹多様性

前記の3原則の総合的な結果として、試合では様々な局面が創出される。プレーヤーは、広範囲にわたる個人および集団的スキルを発揮し、いろいろな人数のグループを形成して、総合的にプレーができる。スキルは多様性に富むため、様々な能力、身体的特性を持つプレーヤーが1つのチームの中でともにプレーすることができる。

❺報償と罰

ラグビーの競技方法にのっとれば、目的と原則を有効に活用できるチームが相手側より有利になる。プレーの開始時点で、ボールを獲得した攻撃側には、ラグビーの目的を達成できるような十分なスペースが与えられる。

プレーヤーの安全性を確保し
プレーの継続をはかる

ラグビーの目的を達成するために、そして下に記されているような原則のもとでラグビーがプレーされることを保証するために、競技規則は適用されなければなりません。

アドバンテージは、プレーの継続を重視するために導入された原則のひとつ

競技規則適用の原則

1 公正さ

ラグビーの目的に応じたスキルフルでポジティブなプレーには報償を、目的に反するプレーには罰を、という考えに基づいて、競技規則は適用される。

2 一貫性

競技規則の適用には一貫性を持たせねばならない。

3 アドバンテージ

プレーを継続するためにアドバンテージを適用せねばならない。しかし、継続する中で攻撃のオプションが大幅に制限されたり、反則が重なれば、違反したプレーに該当《がいとう》したルールを適用する。アドバンテージルールの適用にあたっては、プレーの質の低下や、プレーヤーの安全性が失われることにつながることがあってはならない。

④ 優先順位

次の順に優先順位を置く。

1 プレーヤーの安全性確保

↓

2 プレーの継続

⑤ マッチオフィシャルのゲームマネジメント

特にトップレベルのゲームにおいては、マッチオフィシャルが1つのチームとして機能するように、レフリーはルールを適用しなければならない。

⑥ 適用

ここに述べた競技規則適用の原則は必ず守られなければならない。

競技規則制定の

原則

ラグビーの独自性を維持し誰もが安全にプレーできること

競技規則は、このページおよびP16で示す8つの原則に基づいて制定されています。これは多くの人がプレーヤーとして参加でき、かつ、誰もが観戦を楽しめる、というラグビーの枠組みを示すものです。

ラックとモールは、ボール保持を継続し、もう一度攻撃を構成しなおすことを可能にする

競技規則は次の原則に基づいて制定される

1 安全性

競技規則に従ってプレーしているすべてのプレーヤーに対して、競技規則自体が保護を与えるものでなければならない。

2 平等な参加機会

競技規則は、体格、スキル、性別、年齢、競技にかける意欲など、それぞれによって異なるプレーヤーがその能力のレベルに応じて安全に競い合い、かつ楽しめる環境でプレーできるようにするものでなければならない。

3 独自性の維持

競技規則は、以下にあげたラグビーの独自性を失わせるものであってはならない。

●ボールの争奪……プレーの開始時と再開時（キックオフ、ラインアウト、スクラム）、ラック、モールを含む一般のプレーの中での争奪

●攻撃……攻撃における最大の独自性は、パスを前に投げられないことである。ボールを前進させる方法は、持って走る、キックを行うことに限られる。

●防御……タックルによってボールを再獲得するスキルは、ラグビーの防御における主要な独自性である。競技規則は、スキルの劣った攻撃側の時間とスペースを奪い、プレッシャーを与える防御側のプレーを可能にしなければならない。

④プレーの継続

プレーの継続に関する独自性にラックとモールがある。ともにボールを保持し攻撃している側が、ボール保持を継続し、攻撃を再構成することを可能にする。

⑤プレーする喜びと観る楽しさ

プレーヤーがスキルを駆使して質の高いボールを獲得し、そのボールを活用してプレーの継続を目指すことで、プレーする者、および観る者の楽しさが増す。競技規則は、こういったプレーを生み出す枠組みを示さなければならない。

競技規則制定の原則

罰則のレベルはプレーオプションを減少させた程度により決まる

競技規則の中には、スキルの優ったチームに報償を与える、という原則が示されています。これは競技規則に違反したチームに罰則を与える形で具現化され、さらに罰則を段階分けすることで報償の正当性を高めています。

罰則のレベルは、相手にどの程度の不利益を与えたかの度合いによって変わる

❻スペースの確保・報酬、失敗と罰則

競技規則は、相手チームよりスキルを駆使することができたチームに報償を与えるものでなければならない。報償とは、最初のボールの争奪において、よりスキルフルなチームにボールル、およびプレーを継続するための時間とスペースを与えるということである。競技規則に違反したチームには罰則が課せられる。

罰則の段階

❶アドバンテージルールの適用
反則していない側のオプションが減らない場合、アドバンテージルールを適用する

❷スクラム、ラインアウト
スキルが劣るために反則を犯したり、タッチにボールを出した側には、試合を再開するための権利は与えられない

❸フリーキック
ラインアウトやスクラムでの軽微な反則のように、相手のオプションを制限する直接的な影響がない場合はフリーキックとする

❹ペナルティキック
倒れ込みやオフサイドなど、ボールの争奪やプレーを継続させる場面で、相手のオプションを制限する意図で行われたプレーに対しては、ペナルティキックを課す

❺ペナルティトライ
トライを取られそうな場合に、それを妨害することを目的とした行為に対してはペナルティトライを与える

❻退場処分
重大な不正なプレー、またはその後の不正なプレー、同じ反則を繰り返して行った場合などに適用する

7 一貫・遵守・簡潔

競技規則は、一般的な根本原理を示し、また相互に首尾一貫した関連性を持つことが望まれる。競技規則は、ラグビーの自然な流れに即したもので、プレーヤーが無理なく従うことができるようなものであるべきである。

8 ルールブックの普遍性

ラグビーの試合は統括団体であるＩＲＢによって承認された１つのルールのもとでプレーされなければならない。

まずゲームありき。ルールはゲームを面白くするためのもの

2つの町がボールを奪い合うところからゲーム性を帯びた

ラグビーのルールは、いわば習慣法。規律を守らせるためではなく、より楽しくゲームを行うために整備されたものです。これは発祥地イギリスの法体系によく似ています。

そもそもラグビーとはお祭りのイベントのようなもので、2つの町がボールを奪い合うところからゲーム性を帯びていったといわれます。しかし、無軌道にやっているうちにケガ人や、死者がでることさえありました。さすがにこれでは楽しくありません。そこでゲーム本来の面白さを残しつつ、悪い状況を回避する。

さらにその流れの中で、よりゲームを楽しくするアイディアを加味しました。ルール作りの根源にはそんな発想があるのです。

緻密なルールを整えることからスタートしたアメリカンフットボールのようなスポーツとは違い、ルールはゲームの後を追うようにしてできあがってきたのです。

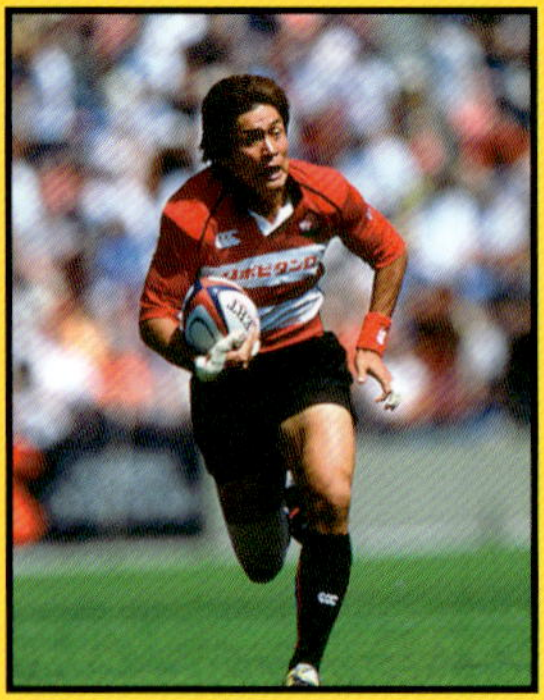

第2章

試合の基本となるルール

正しく競技を行ったり、観戦を楽しむために最低限知っておきたいのが試合の基本となるルール。反則があってもすぐに競技を停止しないアドバンテージルールが特徴だ。

競技方法

試合はキックオフによって開始される

キックオフされたあと、オンサイドにいるプレーヤーは下記の7つの行為をすることができます。これらの行為を効果的に行い、より多くの得点をすることがゲームの勝利につながりますが、プレーヤーの行うすべての行為は競技規則に従ったものでなければなりません。

ボールを持って走るのはラグビーでもっとも基本的なプレーだ

キックオフ後、オンサイドにあるプレーヤーには次の行為ができる。

1. ボールを捕り、ボールを持って走る
2. ボールを他のプレーヤーに投げる、または与える
3. ボールをキックする

❹ 相手側のボールキャリアをタックルし、とらえ、押す

❺ ボールに倒れ込む（一般のプレーにおいて）

❻ スクラム、ラック、モールまたはラインアウトに参加する

❼ インゴールにボールをグラウンディングする

なおプレーヤーのすることはすべて、競技規則に従ったものでなければならない。

アドバンテージ

反則による競技停止を減らしプレーの継続を促進する

アドバンテージは他の大部分の規則に優先します。その目的は、反則による競技停止を減らし、プレーの継続を促進することです。レフリーは、競技中に反則があっても、その結果相手側が利益を得る可能性がある場合には、その反則に対して直ちに笛を吹きません。

反則があったとき、それを受けた側に優位に働く状況であれば笛を吹かずにゲームを継続する

①アドバンテージの運用

●反則によってチームに利益が得られたか否かについて、唯一の判定者はレフリーである。従ってレフリーはその決定に関して、広範囲の裁量権をもつ。

●利益とは、地域的、戦術的、いずれの場合もありうる。

●地域的な利益とは、地域的な獲得を意味する。

●戦術的な利益とは、反則を受けたチームが望むとおり、自由にボールをプレーできることを意味する。

②アドバンテージが生じなかった場合

●反則を受けた側が利益を得なかった場合、レフリーは笛を吹き、反則の地点にプレーを戻す。

③アドバンテージが適用されない場合

●レフリーとの接触

ボール、またはボールキャリアがレフリーに触れた場合、

アドバンテージを適用してはならない。

●**トンネル外へ出たボール**
ボールがプレーされずに、スクラムのトンネルのいずれかの側から出た場合、アドバンテージを適用してはならない。

●**スクラムのホイール**
スクラムが90度（スクラムの中央の線がタッチラインと平行）を超えて回転した場合には、アドバンテージを適用してはならない。

●**スクラムのくずれ**
スクラムがくずれた場合には、アドバンテージを適用せず、レフリーは直ちに笛を吹かなければならない。

●**宙に浮いたプレーヤー**
スクラムで、プレーヤーが宙に浮く、または上方に押し出された場合には、アドバンテージを適用せず、レフリーは直ちに笛を吹かなければならない。

④アドバンテージが生じなかった場合の笛

●反則された側が利益を得る可能性がないと判断した場合、レフリーは直ちに笛を吹かなければならない。

得点は5つの方法によって獲得できる

ラグビーの得点方法は全部で5種類です。トライによる得点がもっとも多いのは、キック力の向上によりゴールによる得点が増加してきたため。ラグビー本来の姿を取り戻し、観て楽しいゲームにするための方策です。

得点の多さは、トライすることの重みを表している

❶得点の種類

トライ　5点

攻撃側のプレーヤーが相手側のインゴールで、最初にボールをグラウンディングすることによって得られる。

ペナルティトライ　7点

相手側の不正なプレーがなければ、間違いなくトライが得られた、と認められた場合、ゴールポストの中央にペナルティトライが与えられる。コンバージョンキックはなく、一度に7点が入る。

コンバージョンゴール　2点

トライが得られた場合、トライした側はゴールキックによりゴールできる。これをコンバージョンキックと呼ぶ。方法はプレースキック、ドロップキックどちらでもよい。

ペナルティゴール 3点

ペナルティキックによりゴールキックが成功することでペナルティゴールとなる。

ドロップゴール 3点

一般のプレーの続行中に、ドロップキックからゴールすることでドロップゴールとなる。キックオフ、ドロップアウト、またはフリーキックからは得られない。

●コンバージョンゴール、ペナルティゴール、ドロップゴールは、フィールドオブプレーからプレースキック、またはドロップキックでキックしたボールが、相手側クロスバーの上でゴールポストの間を越えたときに得られる。

トライ後のゴール、コンバージョンキック

トライが得られた場合、トライした側にはゴールキックによりゴールする機会を与えられます。これをコンバージョンキックと呼びます。コンバージョン（＝転換）という言葉どおり、かつてはトライをすることで初めてキックによる得点機会が得られるというルールでした。コンバージョンキックはプレースキックでもドロップキックでも構いませんが、現在はほとんどがプレースキックで行われています。

【コンバージョンキック】

❶コンバージョンキックを行う

●キッカーは不適当でない限り、それまでプレーしていたボールでキックを行う。

●キックは、トライした地点を通る線上から行う。

●プレーサーとは、キッカーがキックするためにボールを押さえるプレーヤーである。

●キッカーは、ボールを直接地面に置いても、砂、おがくず、または協会承認のキック用のティーに置いてもよい。

●キッカーは、トライが与えられた時点から90秒以内にキックを行わねばならない。

罰則▶90秒以内にキッカーがキックしない場合は、そのキックを禁止する。

コンバージョンキックは
ほとんどの場合、プレー
スキックで行なわれる

コンバージョンキックでは、
相手側プレーヤーによるチャ
ージが許されている

コンバージョンキックでは味方は後方に位置する

コンバージョンキックでは、相手側プレーヤーにゴールを阻止する行為が許されます。

ただし、キッカーがボールをキックしようとする動きを始めてからでなければ動くことはできません。

ゴールしやすい位置からコンバージョンキックを行うには、なるべくゴールポストの近くにトライすることがポイントとなる

❷キッカー側

- ボールをキックするとき、プレーサーを除くキッカー側のプレーヤーは、すべてキッカーの後方にいなくてはならない。
- キッカーがボールに近づき始める前にボールが倒れた場合、レフリーは、キッカーが過度の遅滞なくボールを置き直すことを許可する。ボールが置き直される間、相手側はゴールラインの後方にとどまる。
- キッカーがキックする目的でボールに近づき始めた後にボールが倒れた場合、キッカーはそのままキックするか、ドロップゴールを行ってもよい。
- トライをした地点を通る線上からボールが転がり外れても、そのボールをキックしてクロスバーを越えればゴールが与えられる。キッカーがキックするために近づき始めた後にボールがタッチに転がり出たときは、キックすることは認められない。

罰則▶キッカー側のプレーヤーの反則に対してはキックの禁止。

③相手側

●相手側プレーヤーはすべて、キッカーがキックするためボールに近づき始めるか、キックをしようとするまではゴールラインに退かなければならず、かつゴールラインを踏み越えてはならない。それ以後はゴールを阻止するために、跳び上がってもチャージをしてもよいが、他のプレーヤーが身体をサポートしてはならない。

●キッカーがキックするためボールに近づき始めた後にボールが倒れても、相手側はチャージを続けてよい。

●防御側プレーヤーは、キックが行われる間、大声を発してはならない。

罰則▶防御側のプレーヤーの反則があってもゴールキックに成功したときは、ゴールが成立する。一方、ゴール不成功の場合には、チャージが禁止され、キッカーは再びキックすることができる。再度キックを与えられたときは、キッカーはキックのための準備をすべて繰り返してよい。また、キックの方法を変更することもできる。

フランカーによる相手スクラムハーフへの妨害。ブルーのフランカーがグレーのプレーヤーの動きを妨げている

不正なプレー

競技に悪影響を与える競技場内でのプレーヤーの行為

不正なプレーとは、競技規則の字義および精神に反する競技場内でのプレーヤーの行為を指します。競技に悪影響を与える、反則の繰り返し、妨害、不当なプレー、危険なプレー、不行跡などが含まれます。

【妨害】

❶チャージ（または押すこと）
ボールに向かって走るいずれのプレーヤーも、互いに肩と肩で触れ合う以外に相手をチャージしたり押してはならない。

❷ボールキャリアの前方を走る
プレーヤーは、味方ボールキャリアの前方で故意に動く、立ち止まるなどして相手側のタックルを妨害してはならない。

❸タックラーへの妨害

罰則

いずれのプレーヤーも、故意に相手側のプレーヤーがボールキャリアにタックルするのを妨害する位置へ動く、または立ってはならない。

❹ボールへの妨害

いずれのプレーヤーも、故意に相手側のプレーヤーがボールをプレーするのを妨害する位置に動いたり、立てはならない。

❺ボールキャリアが前方の味方プレーヤーの中へと走り込む行為

スクラム、モール、ラックから出たボールを持って、前方の味方プレーヤーの中へと走り込んではならない。

❻フランカーによる、相手スクラムハーフへの妨害

スクラムの際、フランカーは（写真・上）相手側スクラムハーフがスクラムを回って前進するのを妨げてはならない。

PK

※PK＝ペナルティキック（▶P158）

不正なプレー

故意の反則に対しては厳格に対処する

不当なプレーとは、故意に相手側のプレーヤーを妨害する行為全般を指しています。規則により禁止されているプレーはもちろん、それ以外のプレーも対象となります。故意の反則ではない不正なプレーと比べると、警告となるケースが多いプレーです。

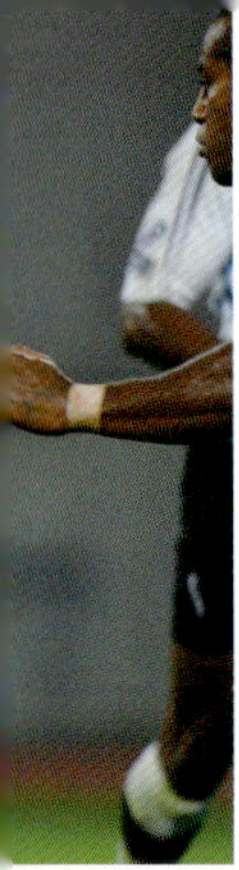

不当なプレーに対する罰は、ペナルティ、警告、退場の順に重くなる

【不当なプレー】

罰則 ▶ PK

❶故意の反則

プレーヤーは故意の反則、不正なプレーをしてはならない。もし、その反則がなければトライが得られたであろうと思われる場合は、ペナルティトライを与える。不当なプレーをもって、トライが得られるのを妨害するプレーヤーは警告し、かつ一時的退出を命じるか、ないしは退場させなければならない

FK

❷時間の空費

いずれのプレーヤーも、故意に時間を空費してはならない。

③タッチ等にボールを投げること

いずれのプレーヤーも、腕または手を使って、故意にボールをノック、置く、押し進める、または投げてタッチまたはタッチインゴールに入れるか、またはデッドボールラインの外へ出してはならない。

PK

③における反則の起きた地点によるPK位置の違い

- タッチラインから15メートル以内＝反則が起こった地点に対向する15メートルライン上からPK
- 前述以外のフィールドオブプレー内＝反則の起きた地点からPK
- インゴール内＝反則の起こった地点に対するゴールラインから5メートル、かつタッチラインから少なくとも15メートル離れた地点からPK

※PK＝ペナルティキック／FK＝フリーキック（▶P158）

不正なプレー

反則のくり返しでの罰は警告、かつ一時的退出

反則をくり返すことは、その理由がいかなるものであっても、やってはならないことです。くり返したプレーヤーには警告（＝シン・ビン）が与えられ、さらに反則を重ねた場合は退場させられます。

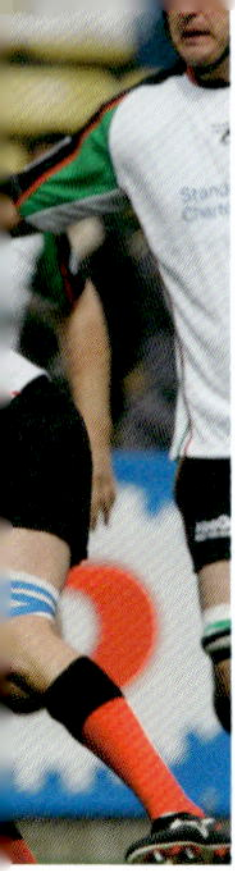

通常はスクラム、ラインアウト、オフサイド、ラック、モール、タックルの規則で問題になりやすい

【反則をくり返す】

❶反則のくり返し

いずれのプレーヤーも、競技規則のいずれにもくり返し違反してはならない。反則をくり返す場合には、くり返す事実が問題であり、反則を意図しているかどうかは問題ではない。

❷チームによる反則のくり返し

同一チームの複数のプレーヤーが同じ反則をくり返す場合、レフリーはそれがくり返しの反則に相当するかを決めなければならない。相当する場合には、チーム全体に対して注意を与える。

罰則 PK

❸複数の反則

レフリーは反則のくり返しで罰を与えられたプレーヤーには警告し、かつ一時的退出を命じなければならない。もしそのプレーヤーが同様、もしくは類似の反則を犯した場合には退場させなければならない。

レフリーの適用基準

レフリーは、代表試合や上級チームの試合には常に厳格な基準を適用、三度目の「反則のくり返し」には警告を与えなければならない。上記以外や未成年者の試合では、より寛大な基準を適用してもよい。これは競技規則に対する無知と技術の未熟さにより反則が起こる場合があるからである。

※PK＝ペナルティキック（▶P158）

危険なプレー

殴打や危険なタックルで相手を阻止しようとする行為

ゲーム中、いかなる場面でも、相手に危険がおよぶプレーを行ってはなりません。ラグビーは身体的接触が頻繁に起こる競技であるため、危険なプレーや不行跡について細かいガイドラインが設けられています。

密集でのボールの奪い合い。危険な行為は、つねにペナルティの対象となる

【危険なプレー】

1 殴打
相手側プレーヤーを、拳や腕、ヒジ、肩、頭、ヒザを使って殴打してはならない。

2 踏みつけること
相手側プレーヤーを踏みつけてはならない。

3 蹴ること
相手側プレーヤーを蹴ってはならない。

4 足でつまずかせる

罰則

相手側プレーヤーを足でつまずかせてはならない。

5 危険なタックル 新ルール

●相手側プレーヤーに、早すぎるタックル、遅すぎるタックル、危険なタックルをしてはならない。

●相手側プレーヤーの肩の線より上へタックル、あるいはタックルしようとしてはいけない。相手の頸部、頭部へのタックルは危険なプレーである。

●腕を伸ばして相手プレーヤーに打ち付けるスティファームタックルも危険なプレーである。

6 ボールを持っていないプレーヤーに対してプレーすることは危険なプレーである

7 地面から両足が離れている相手側プレーヤーをタックルしてはならない

アドバンテージが適用される場合もあるが、その反則が間違いなくトライを妨げたときは、ペナルティトライを認める。

PK

※PK＝ペナルティキック（▶P158） ※新ルール▶P226–227

危険なプレーと危険なタックル

相手を足でつまずかせる

ボールを持った相手にスワーブを切られたとき、その進行を止めようと足を出してつまずかせるのは危険なプレー

ハイタックル

相手の頸部や頭部へのタックルは、前方からでも後方からでも危険なプレー。正しい姿勢でタックルに入っても、その後結果的に肩の線より上に腕が巻きつけば危険なタックルになる

スティフアームタックル

伸ばした腕を相手に打ち付けるようにしなが行うタックル。ボールを叩きにいく場合に起こりやすい

ボールを持っていないプレーヤーへのプレーはペナルティ

プレーは基本的にボールを持っているプレーヤーに対して行われなければなりません。スクラム、ラック、モール以外の場面では、ボールを持っていない相手側のプレーヤーを捕らえたり、押したりしてはなりません。

ボールをキャッチしようとジャンプしているプレーヤーへのタックルは危険なプレー

【危険なプレー】

8 ボールを持っていない相手側プレーヤーにプレーすること

スクラム、ラック、モールの中にいる場合を除き、ボールを持っていない相手側プレーヤーをとらえ、押し、チャージ、または妨害してはならない。

9 危険なチャージ

ボールを持っている相手側プレーヤーをつかもうとしないまま、チャージしたり突き倒してはならない。

罰則 ◀

⑩空中にいるプレーヤーへのタックル

空中のボールをとるために跳び上がっている相手側プレーヤーの片足、または両足をタックル、払う、押す、引っぱるなどしてはならない。

⑪スクラム、ラック、モールでの危険なプレー

- スクラムを組む際、フロントローは突進してはならない。
- フロントローは故意に相手を宙に浮かせたり、相手をスクラムから押し出してはならない。
- ラック、モール内の他のプレーヤーにバインドしようとせずに、ラックやモールに突進してはならない。
- 故意にスクラム、ラック、モールを崩してはならない。

PK

※PK＝ペナルティキック（▶P158）

ボールを蹴り終わったプレーヤーへの故意の妨害は反則

ボールを蹴り終わったプレーヤーに対して、故意にチャージを行い、そのプレーを妨害することはペナルティの対象となります。タイミングによってはケガにもつながる危険なプレーのため厳格に反則をとられます。

反則がどこで行われたか、また、蹴ったボールがどこに落下したかで、ペナルティのマークが異なる

【危険なプレー】

罰則 ◀ PK

❶キッカーに対するレイトチャージ

まさにボールを蹴り終わった相手側のプレーヤーを故意にチャージ、または妨害してはならない。

※マークは、反則しなかった側の選択により、反則のあった地点またはボールの落ちた地点となる。

反則の地点

●キッカー側のインゴールの場合＝実際に反則の起こった地点に相対する、ゴールラインから5メートルの地点に与えられる

●タッチで反則が起こった場合＝実際に反則が起こった地点に対向する15メートルライン上の地点
●タッチインゴールで反則が起こった場合＝ゴールラインから5メートル、タッチラインから15メートルの地点とする

ボールの着地点

●ボールがタッチに落ちたとき＝ボールがタッチに出た場所に対向する、15メートルライン上の地点
●ボールがタッチラインから15メートル以内に落ちたとき＝ボールが落ちた場所に対向する、15メートルライン上の地点
●ボールがインゴール、タッチインゴール、デッドボールラインを越える、またはデッドボールライン上に落ちたとき＝ボールがゴールラインを越えた場所に対向する、ゴールラインから5メートル、タッチラインから少なくとも15メートルの地点
●ボールがゴールポストかクロスバーに当たった場合＝ボールが地面に落ちた地点

※PK＝ペナルティキック（▶P158）

スポーツマンシップに反する行為は行ってはならない

反則に対する報復や怒りに任せた乱暴なプレーは、ラグビーのみならずスポーツマンシップに反する行為です。このような行為にはレフリーからすぐにペナルティが言い渡されます。

競技が停止しているときの不行跡は、それがあった場所によって再開方法やマークが異なる

【不行跡】

2 報復行為

どんな場合も報復行為を加えてはならない。相手側が反則をしていても、相手側プレーヤーに危険な、いかなる行為もしてはならない。

3 スポーツマンシップに反する行為

競技場において、健全なスポーツマンの精神に反するような、いかなることも行ってはならない。

4 競技が停止しているときの不行跡

競技が停止している間に相手側プレーヤーに対し、

罰則 PK

不行跡を犯したり、妨害したり、その他いかなる方法でも相手の邪魔をしてはならない。

❹の場合、次に競技が再開される予定地点でペナルティキック。予定地点による違いは以下のとおり。

- タッチライン上またはタッチラインから15メートル以内＝反則の起こった地点に対向する15メートルライン上の地点
- 反則がなかった場合の再開方法が5メートルスクラムの場合＝ペナルティキックのマークはスクラムの地点
- 反則がなかった場合の再開方法がドロップアウトの場合＝反則をしなかった側は、22メートルライン上のいずれかの地点を選んでペナルティキックを行ってよい
- ペナルティが与えられ、キックを行う前に、反則した側のプレーヤーが、さらに不行跡の反則をしたとき＝レフリーは、不行跡をしたプレーヤーに警告を与えるか、退場を命じ、かつペナルティキックのマークを10メートル進める

※PK＝ペナルティキック（▶P158）

危険なプレー

国代表による試合ではイエロー&レッドカードを使用

国代表同士によって行われるテストマッチでは、警告はイエローカード(=シン・ビン)、退場はレッドカードをもってプレーヤーに示します。イエローカードを受けたプレーヤーはゲームから10分間退出しなければなりません。

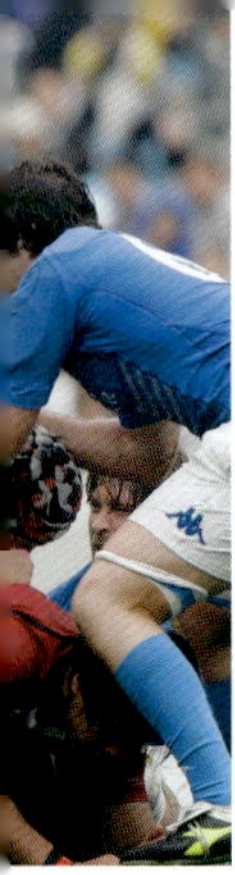

プレーヤーの大型化やチーム力が拮抗することによりプレーが激しくなり、イエローカードの提示回数が増えつつある

【措置】

❶不正なプレーに関する競技規則に違反した場合、注意、警告による一時的退出、または退場のいずれかを命じられる

❷警告による一時退出を命じられたプレーヤーが、不正なプレーの警告に相当する2度目の反則を行った場合は、退場を命じられる

【イエローカードとレッドカード】

❶国の代表同士の試合では、警告し一時退出を命じたプレーヤーに対してはイエローカードを示す

❷国の代表によって行われる試合では、レフリーは、退場を命じたプレーヤーに対してはレッドカードを示す

❸その他の試合に関しては、試合主催者または協会がイエローとレッドカードを使用するかどうかを決定する

オフサイドの位置にあるプレーヤーは競技に参加できない

オフサイドのプレーヤーはオンサイドにならないと競技に参加できない

試合開始時において、すべてのプレーヤーはオンサイドですが、試合が進むにつれて、オフサイドの位置となることがあります。

オフサイドの位置にいるプレーヤーは、再びオンサイドとなる前に、競技に参加すれば反則が適用されます。

一般のプレーでは、プレーヤーがボールを持っているか、またはプレーをした場合に、そのプレーヤーの前方にいる味方はオフサイドです。

一般のプレーでは味方か相手側の行為のいずれかによりオンサイドとなりうる

オフサイドとは、プレーヤーが一時的にプレーできないことを意味し、かつ競技に参加すれば反則が適用される位置にあることをいいます。

一般のプレーでは、味方の行為か相手側の行為かのいずれかによりオンサイドとなることがあります。しかし、もしそのオフサイドプレーヤーがプレーを妨げたり、前方にボールの方へ動いたり、またはキックされたボールの着地点から10メートル後方へ離れなければ、オンサイドとはなりません。

オフサイドポジションにいること自体は、反則にはならない。オフサイドの位置にありながらプレーに関与したときのみ、反則となる

オフサイドの位置にいるだけでは反則にならない

オフサイドポジションにいるだけでは反則になりませんが、プレーに参加したり相手のプレーを妨害することで、そのプレーヤーに反則が適用されます。また、味方のプレーヤーが前方へキックしたとき、前方にいるオフサイドプレーヤーはオンサイドになるまで相手側プレーヤーやボールの着地点に近づいてはいけません。

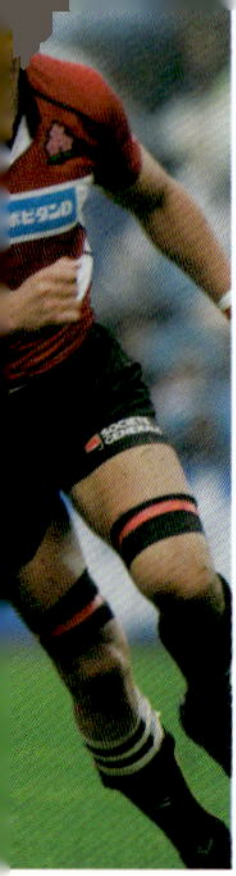

【一般のプレーにおけるオフサイド】

❶オフサイドの位置にいるプレーヤーが反則となるのは、次の3つのうちのいずれかを犯した場合のみである

- プレーを妨げる
- 前方のボールの方へ動く
- 「10メートル規則」(P55) を守らない

よって、プレーヤーはオフサイドの位置にいるからといって自動的に反則となるのではない。また、故意でないスローフォワードを受け取った場合、そのプレーヤーはオフサイドではない。プレーヤーはインゴールでもオフサイドとなる。

❷プレーの妨害

オフサイドの位置にいるプレーヤーは競技に参加してはならない。

一般のプレーでオフサイドプレーヤーが反則となるのは３つのケースだけ

❸ 前方へ動くこと

味方のプレーヤーが前方へキックしたとき、前方にいるオフサイドプレーヤーは、オンサイドになるまではボールをプレーしようと待っている相手側のプレーヤーまたはボールが地面に着く地点に近づいてはならない。

一般プレーのオフサイド

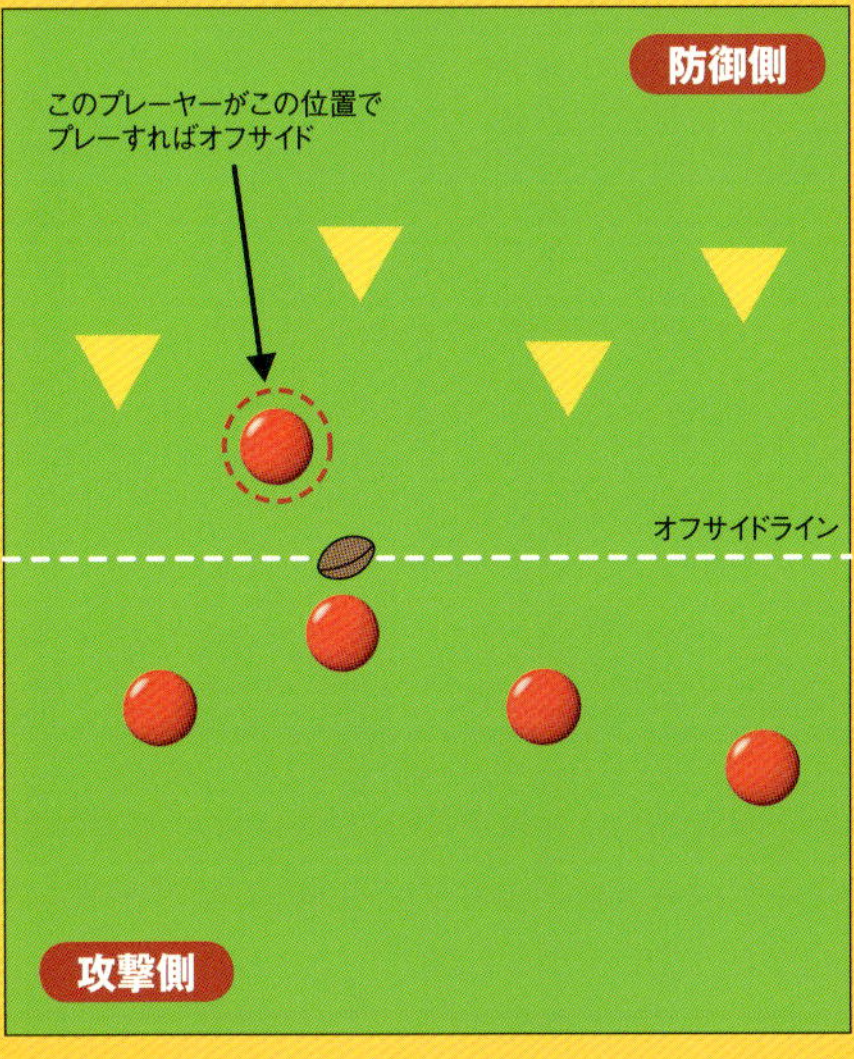

一般のプレーにおけるオフサイド

味方の動きによりオフサイドからオンサイドになる

オフサイドポジションにいるプレーヤーは、自身や味方の行為によりオンサイドとなります。自らボールの後方へ退く、味方のボールキャリアが自身の前に出る、といった行為がその代表例です。味方がキックした場合は、キッカーが自分の前方に出た時点でオンサイドとなります。

1オフサイドプレーヤーが自ら、ボールを持つ味方プレーヤーの後方に走る

2ボールを持つ味方のプレーヤーに追い抜かれる

3味方プレーヤーがキックしたとき、キッカーまたはオンサイドプレーヤーに追い抜かれる

【味方の行為によりオンサイドになる場合】

1 プレーヤー自身の行為

最後にボールをキックした、または触れた、またはボールを持った後方の味方のプレーヤーの後ろに自ら走ったとき。

2 ボールキャリアの行為

味方プレーヤーがボールを持って自分より前方に走り出たとき。

味方の行為によりオンサイドになるプレーヤー

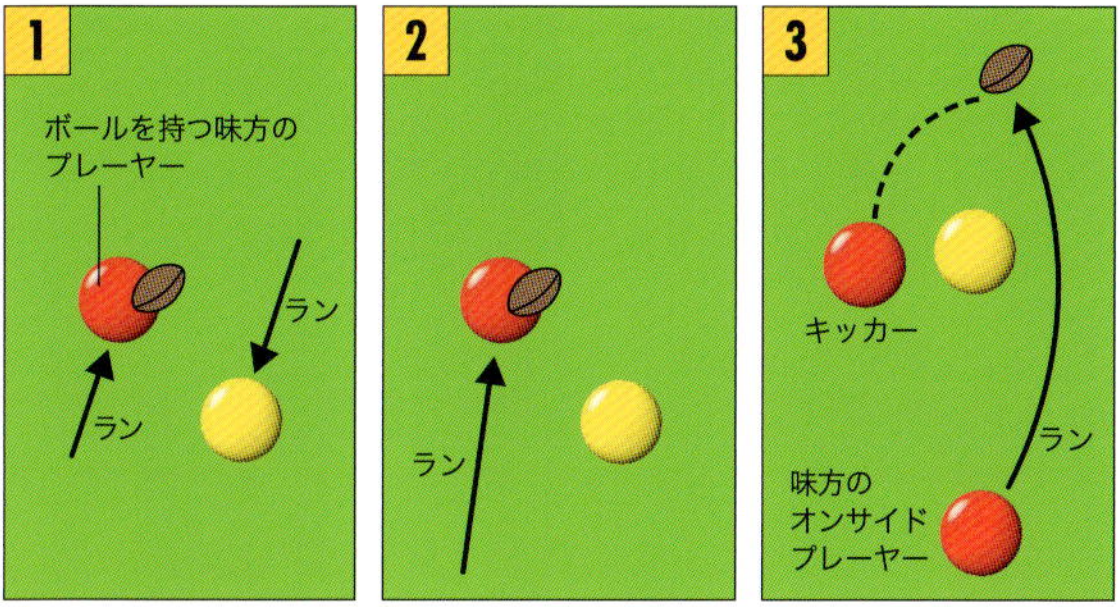

=オフサイドからオンサイドになるプレーヤー

3 キッカーまたは他のオンサイドプレーヤーの行為

味方がボールをキックしたときは、そのキッカー、またはその後方にいた味方のプレーヤーが、オフサイドプレーヤーの前方に走り出たとき。

前方に走ったときの注意

味方プレーヤーは、タッチまたはタッチインゴールにいてもよいが、そのプレーヤーが他のオフサイドプレーヤーをオンサイドにするには、競技区域に戻っていなくてはならない。

一般のプレーにおけるオフサイド

相手側の動きによりオフサイドはオンサイドになる

一般のプレー中に、オフサイドにあるプレーヤーが相手側の行為によりオンサイドとなるには、下の3つの方法があります。ただし、10メートル規則によりオフサイドとなるプレーヤーには適用されません。

❸相手側プレーヤーが故意にボールに触れ、受け損なう

【相手側の行為によりオンサイドになる場合】

1 ボールを持って5メートル走ること

相手側がボールを持って5メートル走ったとき。

2 キックまたはパス

相手側プレーヤーが、ボールをキックまたはパスしたとき(P59を参照)。

3 故意にボールに触れること

相手側プレーヤーが故意にボールに触れ、しかもそのボールを受け損なったとき。

相手側の動きによりオンサイドになるケース

❶相手側プレーヤーがボールを持って5メートル走る

❷相手側プレーヤーがキック、またはパスをする

【10メートル規則によるオフサイド】

①味方プレーヤーが前方へキックしたとき、前方にいるオフサイドプレーヤーは、10メートルライン（ボールをプレーしようと待っている相手側、またはボールが地面に着くと予想される地点から10メートル離れた、ゴールラインに平行な想定されたライン）より前方にいる場合、試合に参加していると見なされる。このオフサイドプレーヤーは、この10メートルラインの後方まで直ちに移動しなければならない。また、移動中に、相手側プレーヤーを妨害してはならない。（P57イラスト）

②このオフサイドプレーヤーは、移動中、相手側のいかなる行為によってもオンサイドにならない。しかし、完全に移動する前でも、味方のオンサイドプレーヤーがこのオフサイドプレーヤーの前方へ走り出たときにはオンサイドとなる。

罰則 ◀ PK

※PK＝ペナルティキック（▶P158）

10メートル離れていたかいないかでオフサイドになるケースがある

10メートル規則によるオフサイドプレーヤーがオンサイドになる場合

❶オフサイドプレーヤーは、想定された10メートルラインの後方まで後退しなければならない。しない場合には反則を適用される。
❷このオフサイドプレーヤーは、完全に10メートル後退する前でも、P52で述べた味方の3つの行為のいずれかでオンサイドとなり得る。しかし、このオフサイドプレーヤーは、相手側のいかなる行為によってもオンサイドにはならない。

【10メートル規則によるオフサイド】

③10メートル規則によるオフサイドのプレーヤーが、ボールを受けようとしている相手側プレーヤーをチャージするとき、レフリーは直ちに笛を吹いて罰を科さなければならない。
④10メートル規則によるオフサイドのプレーヤーが、相手側が受け損じたボールをプレーしたときには、ペナルティキックを科す。
⑤10メートル規則は、ボールがゴールポストまたはクロスバーに当たった場合にも適用する。問題は、ボールの着地点である。オフサイドにあるプレーヤーは、想定された10メートルラインの前方にいてはならない。

罰則 ◀ PK

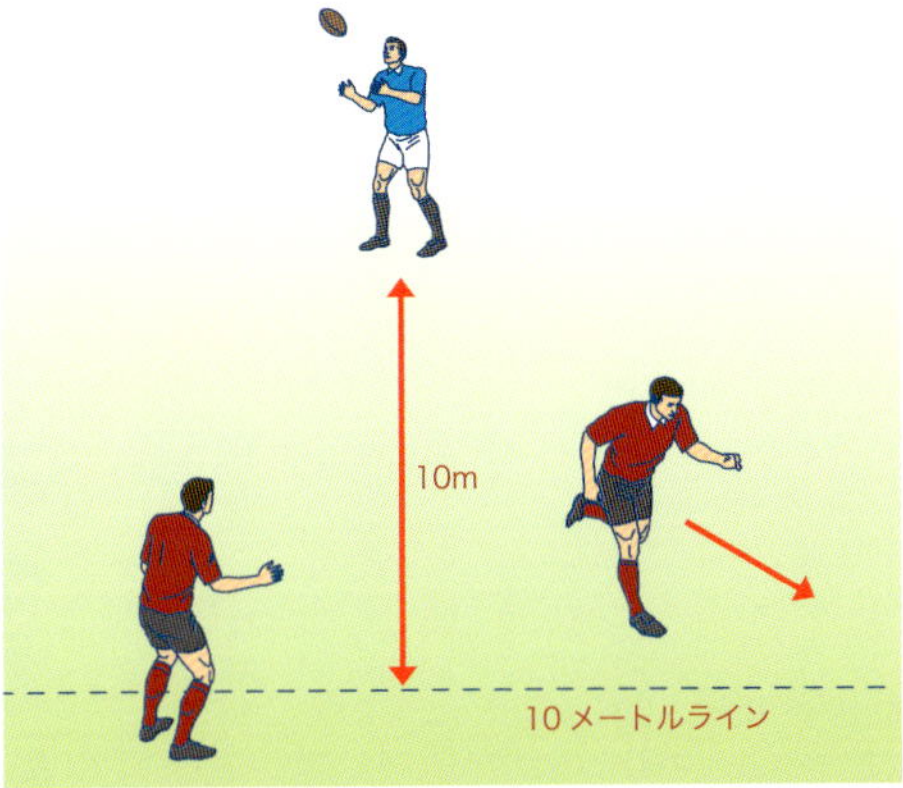

10メートルラインはゴールラインに平行な想定されたライン

⑥プレーヤーがキックしたボールを相手側のプレーヤーがチャージダウンした直後、そのボールを想定された10メートルラインの前方にいたキックした側のプレーヤーがプレーした場合、10メートル規則は適用されない。この場合、チャージダウンしたプレーヤーはボールを待っていたことにならない。従ってキックした側のオフサイドにあったプレーヤーはオンサイドとなる。

罰則▶一般プレーのオフサイドに対する相手側の選択
❶反則地点でのPK
❷反則した側が最後にボールをプレーした地点においてのスクラム

※最後にボールをプレーした地点が、反則した側のインゴールのとき、スクラムが選択された場合の地点は、その最後のプレー地点に相対する、ゴールラインから5メートルの地点となる。

※PK＝ペナルティキック（▶P158）

一般のプレーにおけるオフサイド

プレーヤーはオフサイドポジションからすみやかに動くこと

オフサイドの位置にあるプレーヤーは、たとえ偶然であれボールに触れ、相手側に不利を与えた場合にはオフサイドとなります。ただしこの場合、意図的ではなく偶発的にルールに触れたので、ペナルティは科されず、相手側ボールのスクラムによって試合を再開します。

相手側プレーヤーがキックすれば、オフサイドの位置にとどまっているプレーヤーはオンサイドとなる

【偶然のオフサイド】

①オフサイドにあるプレーヤーが、やむなくボールやボールキャリアに触れた場合は、偶然のオフサイドである。そのプレーヤー側が利益を得なければプレーは続行。利益を得た場合は、相手側ボールのスクラムとなる。
②プレーヤーが前方にいる味方プレーヤーにボールを手渡した場合には、ボールを受けたプレーヤーはオフサイドである。その行為が故意である場合はペナルティキック。故意でない場合は偶然のオフサイドと見なし、相手側ボールのスクラムとなる。

【ノックオン後のオフサイド】

プレーヤーがノックオンしたボールを、オフサイドの位置にある味方プレーヤーがプレーしたとき、そのプレーで相

手側から利益を奪った場合にはオフサイドの罰を科す。

罰則▼PK

【ラック、モール、スクラム、またはラインアウトにおいて後退しつつあるプレーヤーがオンサイドになる場合】

ラック、モール、スクラム、またはラインアウトを形成しているとき、競技規則に従い後退しつつあるオフサイドプレーヤーは、相手側がボールを獲得して、ラック、モール、スクラム、またはラインアウトが終了してもオンサイドとはならない。このプレーヤーは、自らに適用されているオフサイドラインの後方に退くまではオンサイドとはならない。従って、いかなる自らの行為、味方の行為によってもオンサイドにはならない。

オフサイドの位置にとどまっているプレーヤーがオンサイドとなるのは、相手側の次の2つの行為によるしかない。

❶相手側プレーヤーがボールを持って5メートル走ったとき
❷相手側プレーヤーがキックしたとき
※相手側プレーヤーがボールをパスしてもオンサイドにはならない

ノックオンまたはスローフォワード

ボールを前に落とす、およびに前にパスをするとスクラムになる

ノックオンとスローフォワードは、ラグビーにおけるもっとも基本的なミスのひとつです。ボールを前にこぼした場合にノックオン、前に投げた場合にスローフォワードとなり、スクラムになります。特にスローフォワードは、見る角度によって前に投げたように見えるので、判定には注意が必要です。

ノックオンの例外

チャージダウン

相手側がキックすると同時に、またはキックした直後に、プレーヤーがそのキックを阻止しに行った場合は、手に当たったボールが前に進んでもノックオンにならない。

ノックオンとは?

次の3つの場合、ノックオンとなる。

①プレーヤーが落としたボールが前方へ進む

②プレーヤーが手または腕でボールを前方へ叩く

③ボールがプレーヤーの手または腕に当たって前方へ進み、そのプレーヤーがそのボールを捕り直す前にボールが地面または他のプレーヤーに触れる。

※「前方」とは相手側のデッドボールライン方向を意味する。

スローフォワードとは?

プレーヤーが前方にボールを投げるか、または自分より前方のプレーヤーにパスすることをいう。「前方」とは相手側のデッドボールラインの方向を意味する。

※ここで問われているのは、「前方(フォワード)」に「投げる(スロー)」行為であり、投げた後にボールが前方に進んでもかまわない。

攻撃方向にボールを落とした場合にノックオンとなる

自分から見て前に落としても自陣側であればノックオンではない

ノックオンまたはスローフォワード

故意のノックオン、スローフォワードはペナルティ

同じノックオン、スローフォワードでも、それが故意に行われた場合にはペナルティが科されます。行為そのものがスポーツマンシップに反するものであるのはもちろんのこと、時間を空費するという意味でも罰則の対象となります。

通常はスクラムによって再開されるが、ノックオン、スローフォワードが故意に行われた場合はペナルティが科される

【ノックオンまたはスローフォワードが起こった場合】

❶故意でないノックオン、スローフォワード
起こった地点でスクラムを組む

❷ラインアウトでの、故意でないノックオン、スローフォワード
タッチラインから15メートルの地点でスクラムを組む

❸ノックオン、スローフォワードしたボールがインゴールに入った
攻撃側のプレーヤーがフィールドオブプレーでノックオンまたはスローフォワードし、そのボールが相手側インゴールに入りデッドになった場合、起こった地点でスクラムを与える

4 インゴールでのノックオンまたはスローフォワード

いずれかのチームのプレーヤーが、インゴールでノックオンまたはスローフォワードした場合、反則の地点に相対しゴールラインから5メートルの地点でスクラムを与える。ただし、いずれの場合もスクラムはタッチラインから5メートル以内では形成されず、スクラムの中央の線はゴールラインから5メートル以内にあってはならない

5 故意のノックオン、スローフォワード

手または腕を用いて故意にボールを前方にノックしたり、故意にスローフォワードをしてはならない

罰則 ▼ PK

ロングキッカーの増加がトライの得点ウエートを高めた

かつてトライは得点するチャンスを得るための行為だった

ラグビーではトライをすると高得点（5点）が得られます。でも、かつてはトライしただけでは得点することができませんでした。

トライとは「試みる」という意味。その言葉通りトライは得点に挑むための行為でした。すなわち、トライをすることでコンバージョンキックの権利が得られ、そのキックが成功して初めて得点に変換(コンバート）されるシステムだったのです。

トライで得点が認められるようになったのは、コラム1で紹介した通り、ゲームを面白くするための発展的ルール改正の結果です。それも、近年3点から4点、5点とトライの得点ウエートが高くなりました。

その理由は、昔に比べてプレーヤーの運動能力が飛躍的に向上し、ペナルティキックの距離や方向性が正確になったからです。ロングキッカーが増えたことで、自陣からでも3点がとれるようになった影響です。

第3章

フィールドオブプレーにおけるルール

競技中にはタックル、ラック、モールをはじめ、ボールを取り巻くプレーヤーによりさまざまなプレーが現出する。そういったプレーについての決めごとがフィールドオブプレーにおけるルールだ。

キック
オフと
試合再開
のキック

試合の開始や得点後の再開はキックによって行われる

キックオフとは、試合の前後半の開始時に行うキックのことをいいます。試合再開のリスタートキックは、得点後、タッチダウン後に行います。

【キックオフ】

❶キックオフの場所と方法

●ハーフウェイラインの中央、またはその後方からドロップキックで行う。

●キックオフが正しい位置、またはドロップキックで行われなかった場合、相手側は次の2つのうち1つを選択する。

1	2
再びキックオフを行わせる	ハーフウェイラインの中央でスクラムを組み、キックオフしなかった側がボールを入れる

❷キックオフを行う側

●試合開始時のトスに勝ち、キャプテンがキックを選択した

キックオフは、地面にバウンドさせたボールの上がり際を蹴るドロップキックで行う

側。トスに勝ったキャプテンがサイドを選んだ場合、相手側が行う。

●ハーフタイム後は、試合の開始時にキックオフしたチームの相手側が試合を再開する。

●得点後は、得点されたチームがキックオフを行う。

❸キックオフ時のキッカー側のポジション

●キッカー側のプレーヤーはすべて、キックする場合にはボールの後方にいなくてはならない。これに反するときは、ハーフウェイラインの中央でスクラムを組み、相手側がボールを入れる。

❹キックオフ時の相手側のポジション

●相手側はすべて、ハーフウェイラインから10メートル以内に立ってはならない。10メートルラインを越えて位置したり、ボールがキックされる前にチャージした場合には、再びキックオフを行う。

キックオフと試合再開のキック

キックオフしたボールは10メートルラインに達しなければならない

キックオフは、キックしたボールが10メートルラインに達するように蹴らなければなりません。もしも、達しなかった場合は、そのボールを相手側プレーヤーがプレーしたかしないかで、競技を続けるか否かが決まります。相手側がボールに触れた場合は、相手側がそのキックを認めたことになり、プレーは継続します。そのため、もしそのボールを相手がノックオンした場合は、スクラムとなります。また、蹴ったボールが直接タッチになった場合は、相手側の選択によりプレーを再開します。

① 10メートルラインに達したキックオフ

●ボールが相手側の10メートルラインに達するか、達した後、風に吹き戻された場合にも競技を続ける。

② 10メートルラインに達しないキックオフが相手側にプレーされた場合

●相手側が最初にプレーした場合だけ競技を続ける。

③ 10メートルラインに達しないキックオフが相手側にプレーされなかった場合

●相手側は次の2つのうち1つを選択する。

1	2
再びキックオフを行わせる	ハーフウェイラインの中央でスクラムを組み、キックオフしなかった側がボールを入れる

キックオフとその陣形。相手側プレーヤーは10メートルラインまで下がり、キックオフされたボールを受ける

❹ボールが直接タッチになった場合

●相手側は次の3つから1つを選択する

1	2	3
再びキックオフを行わせる	ハーフウェイラインの中央でスクラムを組み、キックオフしなかった側がボールを入れる	そのキックを認める。（この場合、ラインアウトはハーフウェイライン上で行う。ボールがハーフウェイラインの後方に風で吹き戻されてタッチになった場合には、ボールがタッチになった地点でラインアウト）

インゴールではすみやかにプレーしなければならない

キックオフやリスタートキックが相手側のインゴールまで達することがあります。この場合、相手側には3つの選択肢があります。そしてそのプレーによって相手側は試合再開の方法を選択します。時間を無駄にしないためにもインゴールでプレーする場合は遅滞なくすみやかに行わねばなりません。

インゴールでのプレーはすみやかに行うのが前提。意思表示なき場合、ボールを持ったプレーヤーはプレー中とみなされる

⑤ボールがインゴールに入った場合

●キックオフのボールがプレーヤーに触れることなく相手側のインゴールに入った場合、相手側は次の3つのうち1つを選択する。

1	ボールをグランディングする
2	ボールをデッドにする
3	プレーを続行する

●相手側がボールをグラウンディングまたはデッドにするか、またはボールがタッチインゴールに出たり、デッドボールラインに触れるか越えるかしてデッドになった場合、相手側は次の2つのうち1つを選択する。

1	再びキックオフを行わせる
2	ハーフウェイラインの中央でスクラムを組み、キックオフしなかった側がボールを入れる

●相手側はボールをグラウンディングしたり、デッドにしようとする場合は、遅滞なく行わねばならない。ボールを持っている防御側プレーヤーのその他の動きはすべて、そのプレーヤーがプレーをそのまま続けることを選んだと見なす。

ドロップアウトは防御側によって行われるドロップキック

ドロップアウトとは、攻撃している側がインゴールに持ち込んだボールが、
①防御側によってデッドにされた
②タッチインゴールに出た
③デッドボールライン上またはデッドボールラインを越えたとき、競技を再開するために行うドロップキックのことです。
防御側によって、22メートルライン上、またはその後方の任意の地点から行われます。

【試合再開のキック】

①すぐに行わなかったドロップアウト

●ドロップアウトは遅滞なく行わなければならない。

罰則▶22メートルライン上において FK

②正しく行われなかったドロップアウト

●キックが正しい方法や場所で行われなかった場合は、相手側は次の2つのうち1つを選択する。

1	再びドロップアウトを行わせる
2	22メートルラインの中央でスクラムを組み、キックをしなかった側がボールを入れる

③22メートルラインを越えなかったドロップアウト

攻撃している側がインゴールにボールを入れた場合、攻め込まれていた側のドロップアウトでゲームを再開する

●相手側チームは次の2つのうち1つを選択する。

1	2
再びドロップアウトを行わせる	22メートルラインの中央でスクラムを組み、ドロップアウトをしなかった側がボールを入れる

●ボールが22メートルラインを越えた後、風に吹き戻された場合には、競技をそのまま続ける。

④ 直接タッチになったドロップアウト

●ボールはフィールドオブプレーに着地しなければならない。キックしたボールが直接タッチになった場合、相手側は次の3つのうち1つを選択する。

1	2	3
再びドロップアウトを行わせる	22メートルラインの中央でスクラムを組み、ドロップアウトをしなかった側がボールを入れる	そのキックを認め、投入は22メートルライン上で行う

※FK＝フリーキック（▶P158）

ドロップアウトの時、キッカー側は全員ボールの後方にいる

ドロップアウトの際、キッカー側のプレーヤーは、すべてボールの後方にいなくてはなりません。前方から戻ってくるプレーヤーがおり、その途中にキックが行われた場合、当該プレーヤーが罰せられることはありませんが、そのままオンサイドの位置まで後退することを続けなければなりません。

相手側プレーヤーは22メートルラインを越えてキッカーをチャージしてはならない

5 ドロップアウトからボールがインゴールに入った場合

●ドロップアウトのボールがプレーヤーに触れずに相手側のインゴールに入った場合、相手側は次の3つのうち1つを選択する。

1	2	3
ボールをグラウンディングする	ボールをデッドにする	プレーを続行する

●相手側がボールをグラウンディングするか、デッドにするか、またはボールがタッチインゴールに出たり、デッドボールラインに触れるか越えるかしてデッドになった場合、相手側は次の2つのうち1つを選択する。

1	2
ドロップアウトの行われた22メートルラインの中央でスクラムを組み、ドロップアウトをしなかった側がボールを入れる	再びドロップアウトを行わせる

❻キッカー側

●キッカー側のプレーヤーは、キックをするときボールの後方にいなくてはならない。これに反すると、相手側がボールを入れる。22メートルラインの中央でスクラムを組み、相手側がボールを入れる。

●ボールの手前から戻りつつあるキッカー側のプレーヤーは、キックが非常に早く行われたために退くことができなかったときは罰せられない。そのようなプレーヤーは味方の行為によりオンサイドとなるまで退くことをやめてはならないし、競技に参加してはならない。

罰則▶22メートルラインの中央でスクラム。反則しなかった側がボールを入れる

❼相手側

●相手側は、ボールがキックされる前に22メートルラインを越えてチャージしてはならない。

罰則▶反則の地点でFK

●相手側プレーヤーが22メートル区域の中にとどまり、ドロップアウトを遅らせるか妨害した場合、そのプレーヤーは不行跡として扱う。

罰則▶22メートルライン上でPK

※PK＝ペナルティキック／FK＝フリーキック（▶P158）

地上にあるボールの扱い

ボールを持って倒れた場合、すぐにプレーしなければならない

競技は立っている者によってプレーされる

地上にあるボールの扱いとは、ボールを獲得するためにプレーヤーが地面に倒れる状況のことをいいます。ただし、スクラムとラックの直後は含まず、スクラムやラックから出てくるボールの上に倒れ込んではなりません。またプレーヤーがボールを持って地上に横たわっていますが、タックルが原因ではない状況のこともさします。

競技は立っているプレーヤーによってプレーされるものであり、プレーヤーは倒れることでボールをアンプレアブルにしてはなりません。アンプレアブルとは、ボールがいずれのチームもすぐにはプレーできない状態で、プレ

ーを継続できないことをいいます。
　ボールをアンプレアブルにするプレー、または倒れることによって、相手チームを妨害するプレーは罰せられなければなりません。
　タックルされたのではないが、ボールを持ったまま地面に倒れたプレーヤー、もしくは地面に倒れてボールを獲得したプレーヤーはすぐにプレーしなければなりません。

地上にあるボールの扱い

地上に横たわってボールの獲得を妨害してはならない

すべてのプレーヤーは、地上に横たわったままでいることは許されません。特にボールの周辺に横たわったままでいると、アドバンテージをとられた後、反則となる場合があります。さらに、横たわっているプレーヤーの上に倒れ込んだりすることは、即座に反則となります。

ラグビーの原則は立ったままでプレーすること。横たわったプレーヤーはすぐに立ち上がらなければならない

【地上に横たわっているプレーヤー】

地上に横たわっているプレーヤーは次の3つのうち1つを、直ちに行わねばならない。

『ボールを持って立ち上がる』
『ボールをパスする』
『ボールを手放す』

ボールをパスしたり、手放したプレーヤーは、すぐに立ち上がるか、ボールから離れなければならない。レフリーは、直ちに利益が得られた場合に限り、アドバンテージを適用する。

罰則 PK

【地上に横たわっているプレーヤーがしてはならないこと】

●**ボールの上、または周辺に横たわること**
ボールを覆う、または1メートル以内に横たわって、相手がボールを獲得するのを妨げてはならない。

●**ボールを持って地上に横たわっているプレーヤーを越えて倒れ込むこと**
ボールを持って地上に横たわっているプレーヤーの上に、またはそのようなプレーヤーを越えて、故意に倒れ込んではならない。

●**ボールに近接して（半径1メートル以内）地上に横たわっているプレーヤーを越えて倒れ込むこと**
ボールを挟んで、またはボールに近接して地上に横たわっている2人以上のプレーヤーの上に、またはそのようなプレーヤーを越えて、故意に倒れ込んではならない。 新ルール

罰則 PK

※PK＝ペナルティキック（▶P158） ※新ルール▶P228

タックル

ボールキャリアが相手につかまり地面に倒れたらタックル成立

ボールキャリアが、1人または複数のプレーヤーに捕まり、地面に倒された場合にタックルが成立します。つかまえられていなければ「タックルされたプレーヤー」とはならず、タックルは成立しません。相手プレーヤーで、ボールキャリアをつかまえて地面に倒し、かつ自身も地面に倒れたプレーヤーを「タックラー」と呼びます。ただし、地面に倒れなければ「タックラー」ではありません。

❶ タックル

タックルはフィールドオブプレー内においてのみ起こる。

❷ タックルが発生しない場合

ボールキャリアが相手側プレーヤー1人に捕らえられ、味方プレーヤーがそのプレーヤーにバインドする場合はモールが形成されたことになり、タックルが発生したとみなさない。

❸ 「地面に倒される」ことの定義

- ボールキャリアの片ヒザ、または両ヒザが地面につけば、そのプレーヤーは「地面に倒された」ものとみなす。
- ボールキャリアが地面に腰を下ろすか、地面に横たわっているプレーヤーの上に倒れていれば、そのプレーヤーは「地面に倒された」ものとみなす。

タックルはラグビーの醍醐味だが危険を伴う。そのためタックルの成立と、その後の扱いについては細かい取り決めがある

④タックラー

●プレーヤーが相手側プレーヤーをタックルして双方が地面に倒れたとき、タックラーは直ちにタックルされたプレーヤーを放さなければならない。

●タックラーは直ちに立ち上がるか、プレーヤーとボールから離れなければならない。

●タックラーはボールをプレーする前に立ち上がらなければならない。新ルール

罰則 ◀ PK

※PK＝ペナルティキック（▶P158）※新ルール▶P229

タックルの成立と不成立

○

タックラー

タックルが成立した状態。ボールキャリアをつかまえて地面に倒したプレーヤーは、自身も倒れた時に「タックラー」と呼ばれる

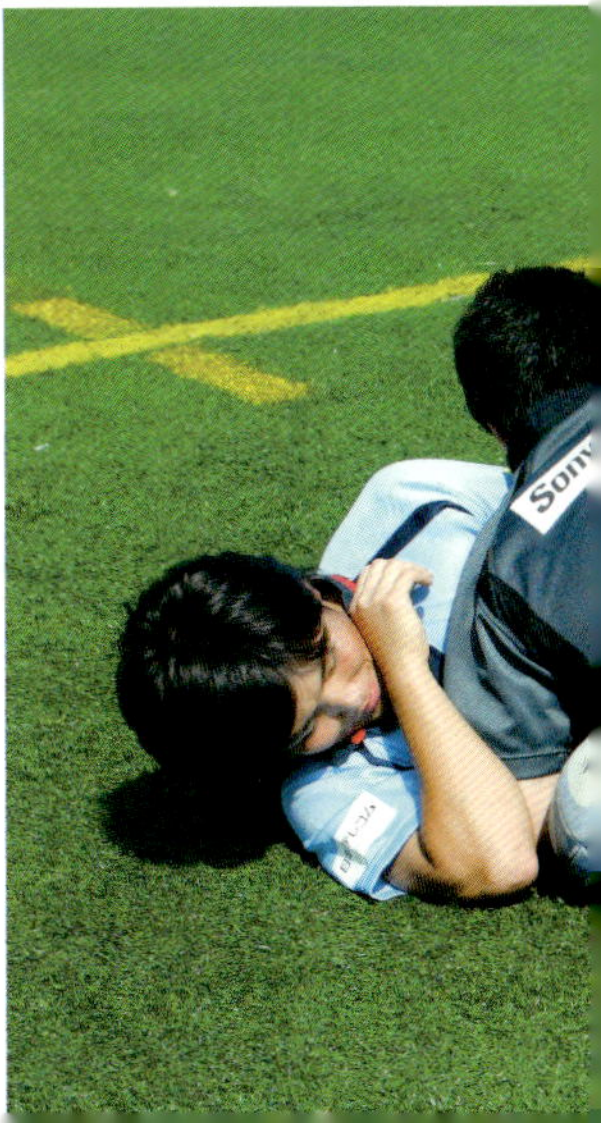

ボールから離れる

「タックラー」はすぐに立ち上がるか、タックルしたプレーヤーとボールから離れなければならない。写真のように、そのままボールを覆っていてはならない

タックル

タックルされたプレーヤーは直ちにボールを手放す

タックルを受け、地面に倒れたプレーヤーは、すぐに味方にボールをパスしたり、手放して、他のプレーヤーがボールをプレーできる状態にしなくてはなりません。そのままボールを放さずに、地面に倒れ込んでいる場合は「ノットリリースザボール」のペナルティとなります。

タックルされたプレーヤーがボールを放さないノットリリースザボールの反則

5 タックルされたプレーヤー

- タックルされたプレーヤーは、相手側のボール獲得を妨げてはならず、プレー継続のため、直ちにボールをプレーできるようにしなければならない。
- タックルされたプレーヤーは、ボールの上に、ボールをおおって、またはボールに近接して横たわってはならない。
- タックルされたプレーヤーは、直ちにボールをパスするか、ボールを手放さなければならない。さらにそのプレーヤーは直ちに立ち上がるか、ボールから離れなければならない。
- 立っている相手プレーヤーがボールをプレーしようとする場合、タックルされたプレーヤーはボールを放さなければならない。

罰則 PK

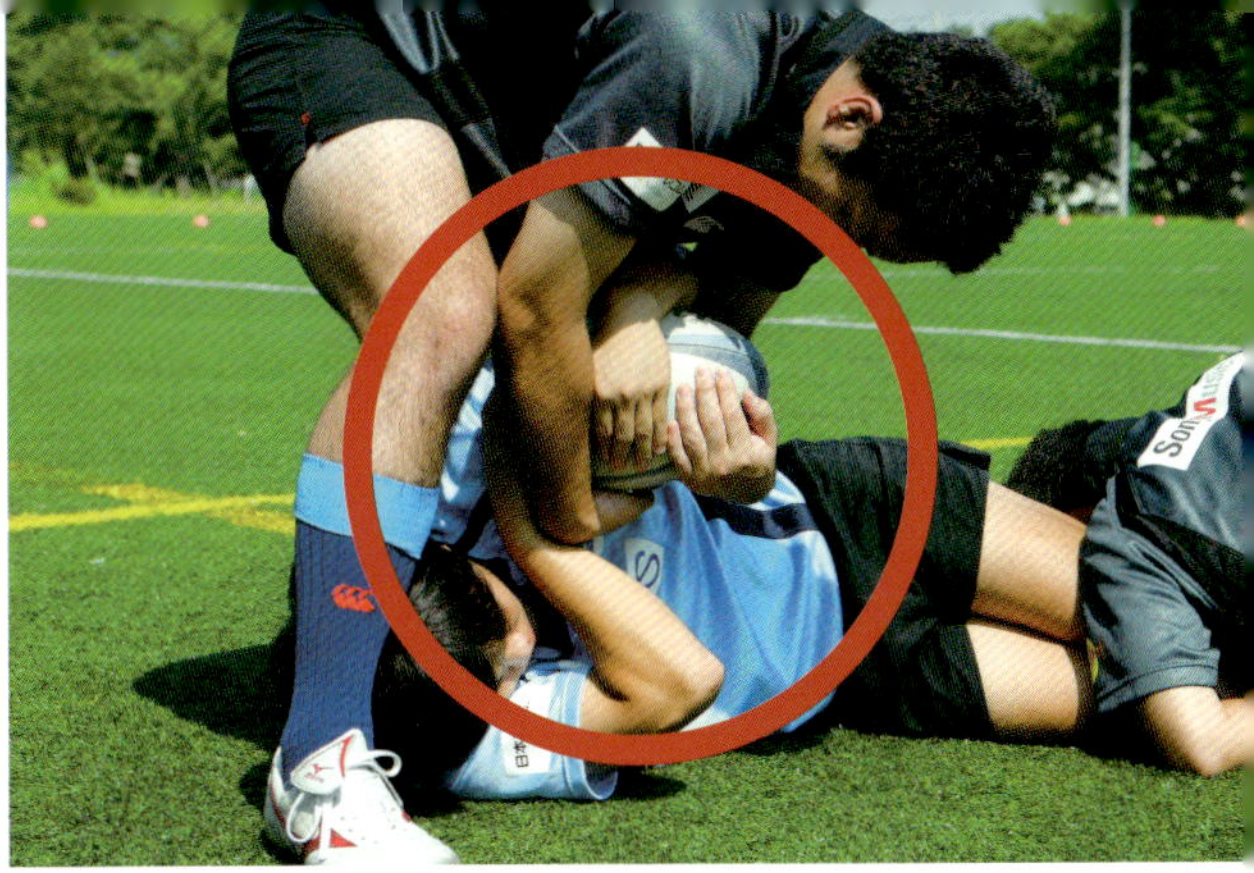

【タックルされたプレーヤーがやっていいこと】

●タックルされたプレーヤーはボールをいずれかの方向に置くことにより、ボールを手放せる。ただし、動作は直ちに行わねばならない。

●タックルされたプレーヤーは、地面上でいずれかの方向（前方を除く）にボールを押し進めることで、ボールを手放せる。ただし、動作は直ちに行わねばならない。

●タックルされたプレーヤーが惰性でインゴールに入れば、そのプレーヤーはトライまたはタッチダウンすることができる。

●プレーヤーがゴールライン付近でタックルされた場合、これらのプレーヤーは直ちに手を伸ばしボールをゴールライン上またはゴールラインを越えてグラウンディングし、トライ、またはタッチダウンできる。

※PK＝ペナルティキック（▶P158）

タックル

タックルにかかわっていないプレーヤーは立ってボールをプレー

タックルが成立すると、双方のプレーヤーがボールの獲得を目指してその位置に集まります。そこではボールの受け渡しや、地面にあるボールを取り上げるといった動きが行われますが、いずれの場合も他のプレーヤーは立ってプレーをしなければなりません。ボールや倒れたプレーヤーに飛び込む行為は反則の対象となります。

ボールを獲得するため、頭から倒れこんでいく行為（ダイブイン）は反則

6 その他のプレーヤー

- タックル後は、他のいずれのプレーヤーも立っていなければボールをプレーできない。立っているプレーヤーとは、地面や地上に横たわっているプレーヤーにもたれかかっていないプレーヤーを指す。
- タックル後、立っているプレーヤーはいずれも、ボールキャリアからボールを奪おうとしてもよい。
- タックルの地点、またはタックルに近接した地点で、ボールをプレーする他のプレーヤーは、ボールの後方で、かつタックルされたプレーヤーまたはタックラーのどちらかで、自陣ゴールラインに近い方のプレーヤーの真後ろからプレーしなければならない。
- タックル後は、地上に横たわっているプレーヤーは、いずれも相手側プレーヤーがボールを獲得し

罰則 PK

ようとするのを妨げてはならない。

●タックル後、地上に横たわっているプレーヤーは、いずれも相手側プレーヤーをタックルしたり、タックルしようとしてはならない。

●タックル後、相手側プレーヤーは、ゴールライン上、またはゴールラインを越えてボールをグラウンディングしようと手を伸ばしてトライしようとしているタックルされたプレーヤーからボールを奪ってよい。ただし、相手側プレーヤーはボールをキックしてはならない。

【例外】

ゴールライン近くでのタックル後、ボールが手放されてインゴールに入った場合、地上に横たわっているプレーヤーを含め、プレーヤーはいずれもボールをグラウンディングすることができる。

※PK＝ペナルティキック（▶P158）

タックル

タックルされたプレーヤーのプレーや動きを妨げてはならない

タックル成立後、タックルされたプレーヤーとタックラーは、すみやかにその場から立ち上がらねばなりません。他のプレーヤーがその行為を妨害したり、タックルを受けたプレーヤーがボールを手放すのを妨害することは反則の対象となります。倒れたプレーヤーに寄りかかり、立ち上がるのを妨げたり、ボールの動きを封じても同様です。

7 行ってはならないプレー

- いずれのプレーヤーもタックルされたプレーヤーがボールをパスすることを妨げてはならない。
- いずれのプレーヤーもタックルされたプレーヤーがボールを手放し、立ち上がったり、ボールから離れることを妨げてはならない。
- いずれのプレーヤーもタックルされたプレーヤーの上に、または越えて倒れ込んではならない。
- いずれのプレーヤーもボールをはさんで、またはボールに近接して地上に横たわっている2人以上のプレーヤーの上に、または越えて倒れ込んではならない。
- 立っているプレーヤーは、ボールに近接していない相手側プレーヤーをチャージまたは妨害してはならない。
- 危険性（ボールをパスも手放しもしない場合）

罰則 PK

倒れたプレーヤーにもたれかかって、ボールの動きを妨げてはならない

タックルされたプレーヤーが直ちにボールを手放さない、もしくはボールから退転しない、またはこのような行為を妨げられた場合には危険が予想されるため、レフリーは直ちに罰を科さねばならない。

8 どちら側の責任か疑わしい場合

●タックルで、ボールがアンプレアブルになり、どちらの側が競技規則に従ったのか疑わしい場合、レフリーは直ちにスクラムを命じ、停止の前に前進していた側がボールを入れる。双方とも前進していなかった場合は攻撃側（相手陣に入っている側）がボールを入れる。

※PK＝ペナルティキック（▶P158）

タックラーへの妨害（デコイランナー）

1

写真の左サイドより、プレーヤーAにパスが出た。味方プレーヤーBはボールに関与せず、そのまま前に走った

2

Bは前進していく

Bと相手プレーヤーのCがぶつかる

Bがそのまま前進したため、相手側プレーヤーCがボールキャリアにタックルに行くのを阻止された。この場合、プレーヤーBのプレー（デコイラン）はタックラーへの妨害行為となる

4

ラック

双方1人以上のプレーヤーが地上のボールに密集するプレー

ラックとは、双方の1人以上のプレーヤーが、立ったまま身体を密着させて、地上にあるボールの周囲に密集するプレーをいいます。その際、一般のプレーは終了し、ラックのオフサイドラインが発生します。ラッキングとは、ラックに参加しているプレーヤーが、不正なプレーを行うことなく、足を使ってボールを獲得、またはキープしようとすることをいいます。

ラックの形成。ボールが地上にあり、双方1人以上のプレーヤーが相手側プレーヤーと体を密着させている

❶ラックの形成

- ラックはフィールドオブプレー内でのみ発生する。
- ラックではプレーヤーは立っていなければならない。少なくとも1人のプレーヤーが相手側プレーヤーの1人と体を密着させていなければならない。ボールは地上にある。

❷ラックへの参加

- ラックを形成しようとするプレーヤー、ラックに参加しているプレーヤー、および新たに参加しようとするプレーヤーは、頭と肩を腰よりも低くしてはならない。

罰則 ▶ FK

- ラックに参加しているプレーヤーは、少なくとも片方の腕は、腕全体を使って、ラックの中の味方プレーヤーの体に腕をまわしバインドしなくてはならない。
- ラックの中で他のプレーヤーに手をかけているの

◀ **罰則**

は、バインドしていることにならない。

●ラックを形成しようとするプレーヤー、ラックに参加しているプレーヤー、および新たに参加しようとするプレーヤーは立っていなければならない。

PK

 ※PK＝ペナルティキック／FK＝フリーキック（▶P158）

プレーヤーはラックを崩す行為をしてはならない

ラックに参加するプレーヤーは立った状態でボールの争奪に関与しなければなりません。ボールに向かって、またはラックの中に飛び込んだりするのは危険なプレーと見なされます。プレーヤーは、頭と肩を腰より低くしてラックに参加してはいけないのです。

ラックの中で倒れたプレーヤーに覆いかぶさっているプレーヤーが、危険なプレーと見なされる

③ラッキング

- ラックの中のプレーヤーは立っていようと努めなければならない。
- プレーヤーはラックの中で故意に倒れたり、ヒザをついてはならない。これは危険なプレーである。
- プレーヤーは故意にラックを崩してはならない。これは危険なプレーである。
- プレーヤーはラックの上に飛びかかってはならない。
- ボールをラッキングするプレーヤーは、地面に横たわっているプレーヤーをラッキングするのではなく、またぐように努めなくてはならず、たとえ相手が横たわっていようとも故意に踏んではならない。プレーヤーはボールに近接してのみラッキングできる。新ルール

罰則 PK

※新ルール▶P228

4 その他の反則

- プレーヤーはラックの中のボールを手で扱ってはならない。ただし、タックル後に、ラックが形成される前に立っている状態でボールに手を置いている場合を除く。
- ラックの中、またはラックに近接して地上に横たわっているプレーヤーは、ボールから離れようと努めなければならない。これらのプレーヤーは、ラックの中のボール、またはボールがラックから出てくるのを妨害してはならない。
- プレーヤーはラックから出てくるボールの上に、またはそのボールを越えて倒れ込んではならない。
- プレーヤーはボールがラックの中にある間に、あたかもボールがラックから出たと相手側に思わせるような素振りをしてはならない。
- プレーヤーはラックの中へボールを戻してはならない。

FK

※PK＝ペナルティキック／FK＝フリーキック（▶P158）

ラック

プレーヤーはオフサイドラインの後方からラックに参加する

ラックでは双方のチームに1本ずつ、ゴールラインに平行して2本のオフサイドラインが発生します。それぞれのオフサイドラインはラックの中の最後尾のプレーヤーの足を通ります。この足が、ゴールライン上、またはゴールラインの後方にある場合、防御側のオフサイドラインはゴールラインとなります。

ラックの際、ラックに参加せずうろうろしているプレーヤー（矢印）はオフサイドとなる

❺ラックでのオフサイド

●オフサイドライン

プレーヤーはオフサイドラインの後方からラックに参加するか、ただちに後方に下がらなければならない。プレーヤーがラックの横でうろうろしている場合、そのプレーヤーはオフサイドである。

罰則▶PK

●ラックに参加するプレーヤー

ラックの中の最後尾の味方の足の後方から参加しなければならない。プレーヤーはこの最後尾のプレーヤーに並んでラックに参加してもよい。プレーヤーが相手側からラックに参加したり、最後尾の味方の前方から参加した場合、そのプレーヤーはオフサイドである。（P105の図参照）

罰則▶PK

●ラックに参加していないプレーヤー

プレーヤーがオフサイドラインの前方にとどまりラックに

参加していない場合、そのプレーヤーは直ちにオフサイドラインの後方に退かなければならない。オフサイドラインの後方にいるプレーヤーが、オフサイドラインを踏み越え、しかもラックに加わらない場合、そのプレーヤーはオフサイドとなる。

罰則 ▶ PK

●ラックから離れるか、ラックに再び参加しようとするプレーヤー

プレーヤーはラックから離れた時は、そのプレーヤーは直ちにオフサイドラインの後方に下がらなければならない。そうしない場合、そのプレーヤーはオフサイドとなる。いったんオンサイドの位置に下がれば、そのプレーヤーはラックに再び参加できる。味方の最後尾の前方でラックに再び参加すれば、そのプレーヤーはオフサイドである。プレーヤーは味方の最後尾に並んでラックに再び参加してもよい。

罰則 ▶ PK

ラック

ボールがアンプレアブルになるとスクラムが命ぜられる

ラックからボールが出なくなった状態をアンプレアブルと呼びます。これはレフリーの判断によって下されるもので、アンプレアブルの笛が鳴ったらプレーヤーは直ちにプレーを止め、レフリーの判定に従わなければなりませんが、危険な状態にならない限り、ラックが動いている間はアンプレアブルの笛が鳴ることはありません。

ラックがこう着状態となり、ボールおよびラック自体の動きが止まったときにアンプレアブルとなる

6 ラックの終了

● ラックは、ボールがラックの地点から出るか、あるいはラックの中のボールがゴールライン上にあるか、またはゴールラインを越えてインゴールに入った場合に終了する。

7 ラックの停止（スクラムへの移行）

● ボールがアンプレアブルとなったとき、ラックは停止され、スクラムが命じられる。

8 ラック後のスクラム

● ラックの中のボールがアンプレアブルとなる直前に前進していたチームがボールを入れる。

● ラックの中のボールがアンプレアブルとなる直前に、どちらのチームも前進していなかったり、どちらのチームが前進していたかレフリーが判断できないときは、ラックの前に前進していたチームがボールを入れる。

●どちらのチームも前進していなかったときは、攻撃側（相手陣に入っている側）のチームがボールを入れる。

●レフリーはスクラムを命じる前に、ボールがラックから出そうな場合には適当な時間の余裕をみなければならない。特に、いずれかのチームが前進している場合には大切である。ラックが停止したり、ボールが適当な時間内にラックから出ないとレフリーが判断した場合には、スクラムを命じなければならない。

モール

モールには少なくとも3人の立っているプレーヤーが必要

モールは、ボールを持っているプレーヤーが、相手側の1人またはそれ以上のプレーヤーに捕らえられ、ボールキャリアの味方1人またはそれ以上のプレーヤーがボールキャリアにバインドしているときに開始されます。つまり、モールには少なくとも3人のプレーヤーが必要で、3人とも立っていなければならないのです。

3人のプレーヤーが立った状態で、しっかりバインドしているのがモールの条件

❶モールの開始

●モールはフィールドオブプレーでのみ発生する。

●参加しているすべてのプレーヤーはモールに引き込まれているか、バインドされていなければならず、かつ立ったまま、ゴールラインの方向に前進していなければならない。

新ルール

❷モールへの参加

●プレーヤーは、ただ単にモールのそばにいるだけではなく、モールの中に引き込まれているか、バインドされていなければならない。

●モールの中で他のプレーヤーに手をかけていることとはバインドしていることにはならない。

●モールの中のプレーヤーは、立っていようと努めなければならない。モールの中のボールキャリアは、地面に倒れてもよいが、直ちにボールがプレ

罰則 ◀

※新ルール▶P230-231

ー継続可能な状態にしなければならない。

●プレーヤーは故意にモールを崩してはならない。これは危険なプレーである。

●プレーヤーはモールの上に飛びかかってはならない。

PK

❸ その他の反則

●プレーヤーは相手側のプレーヤーをモールの中から引きずり出そうとしてはならない。

●プレーヤーはボールがモールの中にある間に、あたかもボールがモールから出たと相手側に思わせるような素振りをしてはならない。

罰則 ▶ **FK**

 ※PK＝ペナルティキック／FK＝フリーキック（▶P158）

モールに参加する場合の体勢

足を抱え込みにいく危険なプレー

モールに対して横からアプローチしたり、モールを崩す目的で相手側プレーヤーの足を抱え込みにいくのは危険なプレーと見なされる。

モールのコラプシング

モールを故意に引き倒す行為も危険
なプレーと見なされ反則となる
SonyMusic
44

各チームに1本ずつ、2本のオフサイドラインが発生する

モールでのオフサイドは、ラグビーを見るうえでわかりにくいものです。

しかし、モールにおけるオフサイドラインは、モールに参加している双方のプレーヤーの足の最後尾を通り、ゴールラインと平行した2本のラインしかありません。

モールの最中、このラインより前からプレーに参加する者がいればオフサイドとなります。

④モールでのオフサイド

●オフサイドライン

双方のチームに1本ずつ、ゴールラインに平行して合計2本のオフサイドラインが発生する。それぞれは、モールの中の最後尾の足を通る。最後尾の足が、ゴールライン上、またはそれより後方にある場合、防御側のオフサイドラインはゴールラインとなる。

プレーヤーはオフサイドラインの後方からモールに参加するか、ただちに後方に下がらなければならない。プレーヤーがモールの横でうろうろしている場合、そのプレーヤーはオフサイドである。

罰則▶PK

モール（およびラック）におけるオフサイド

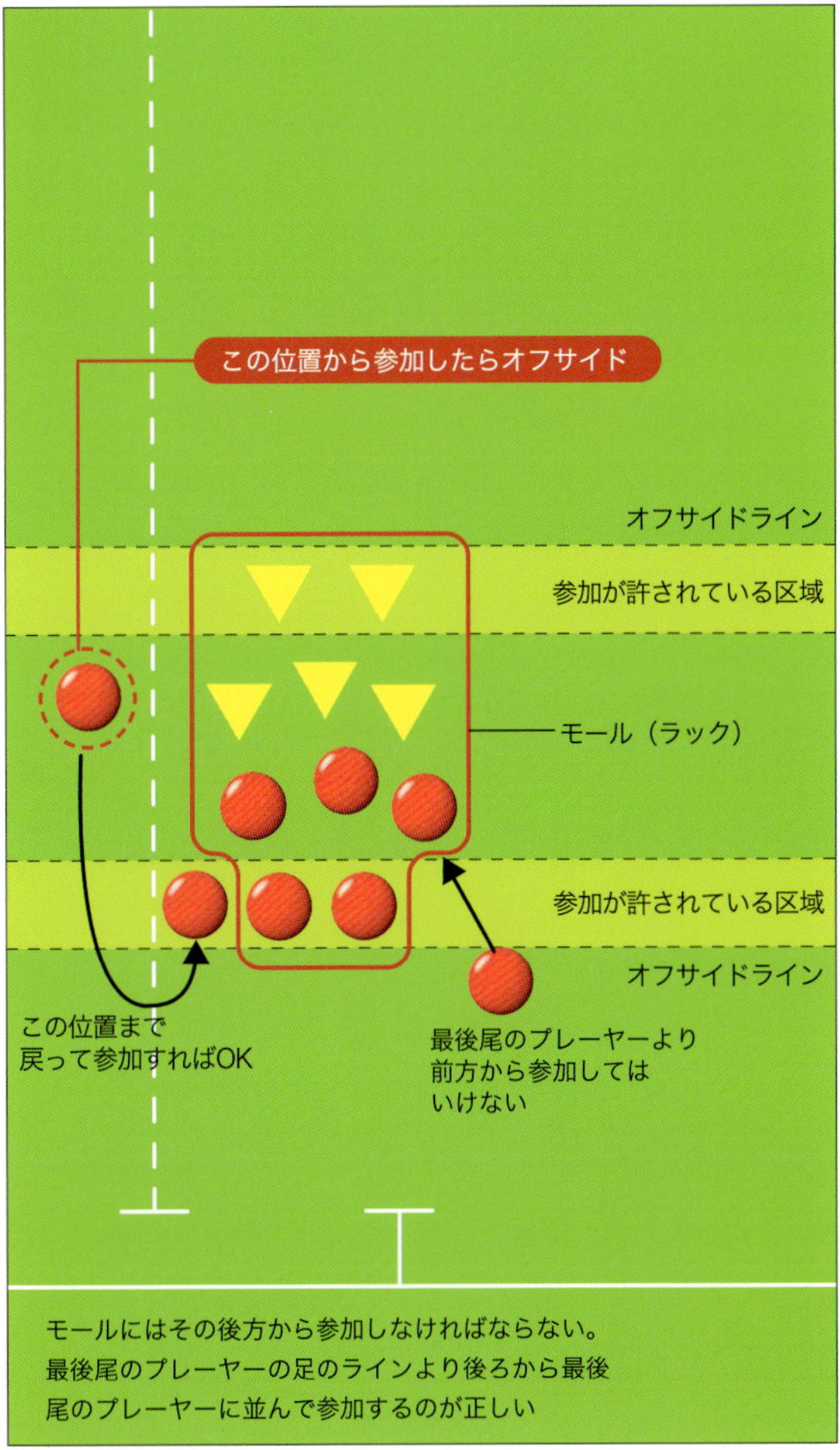

モールにはその後方から参加しなければならない。最後尾のプレーヤーの足のラインより後ろから最後尾のプレーヤーに並んで参加するのが正しい

※PK＝ペナルティキック（▶P158）

モール

敵陣からモールに参加するとオフサイド

モールに参加していると、その流れの中で自然にモールの外に弾き出されてしまうことがあります。弾き出されたプレーヤーが再びモールに参加する場合は、いったん想定されたオフサイドラインの後方まで下がらなければいけません。また、モールに参加していないすべてのプレーヤーも、オフサイドラインの後方に位置していなければならないのです。

モールでプレーヤーの出入りが多いチームは、モールで押されていると見ていい。強いモールはがっちりバインドされているので、プレーヤーの出入りがない

●モールに参加するプレーヤー

モールの中の最後尾の味方の足の後方から参加しなければならない。プレーヤーはこの最後尾のプレーヤーに並んでモールに参加してもよい。プレーヤーが相手側からモールに参加したり、最後尾の味方の前方に参加した場合、そのプレーヤーはオフサイドである。

●モールに参加していないプレーヤー

プレーヤーがオフサイドラインの前方にとどまりモールに参加していない場合、そのプレーヤーは直ちにオフサイドラインの後方に退かねばならない。オフサイドラインの後方にいるプレーヤーが、オフサイドラインを踏み越え、しかもモールに加わらない場合、そのプレーヤーはオフサイドとなる。

罰則 PK

●モールから離れるか、モールに再び参加しようとするプレーヤー

プレーヤーがモールから離れた時は、そのプレーヤーは直ちにオフサイドラインの後方に下がらなければならない。そうしない場合、そのプレーヤーはオフサイドとなる。いったんオンサイドの位置に下がれば、そのプレーヤーはモールに再び参加できる。味方の最後尾の前方でモールに再び参加すれば、そのプレーヤーはオフサイドである。プレーヤーは味方の最後尾に並んでモールに再び参加してもよい。

モール

ボールがモールから離れたらモールは終了となる

ボール、またはボールを持ったプレーヤーがモールを離れたときにモールは終了します。ただ、ラックと同様にこう着状態に陥ることもあります。ボールの動きが認められないか、双方どちらのサイドにも進むことなく5秒間たったときも、モールは停止となり、スクラムが命じられます。

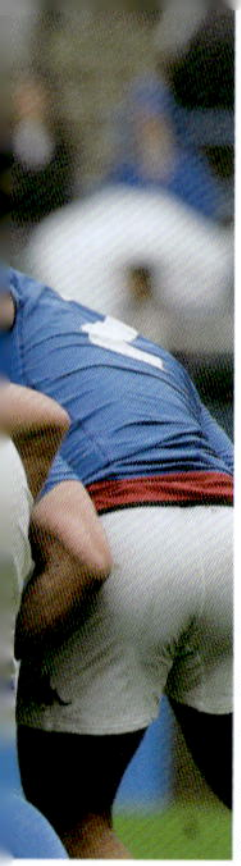

モールの中のボールが動いている間、モールは継続される

5 モールの終了

●モールは、ボールまたは、ボールキャリアがモールから離れたときに終了する。ボールが地上につく、またはモールの中のボールがゴールライン上か、それを越えてインゴールに入った場合にも終了する。

6 モールの停止(スクラムへの移行)

●モールの中のボールが止まったままか、5秒間前進しなかったとき、モールは停止され、スクラムが命じられる。

●ボールがアンプレアブルになるか、不正なプレーの結果としてではなく、モールが崩れたとき、モールは停止されスクラムが命じられる。

7 モール後のスクラム

●モール開始時にボールを持っていなかった側がボールを入れる。

●モール開始時にどちらの側がボールを持っていたかレフリーが判断できない場合には、モールが停止する前に前進していた側がボールを入れる。

●どちらの側も前進していなかったときは、攻撃側（相手陣に入っている側）がボールを入れる。

キックされたボールの特別ルール
キャッチしたプレーヤーが捕らえられて形成されたモール

相手側のキックしたボールを直接キャッチしたプレーヤーが直ちに相手に捕らえられ、モールが形成された後に停止しスクラムが命じられた場合には、ボールはキャッチした側が入れる（ただしキックオフとドロップアウトを除く）。

「相手側のキックしたボールを直接キャッチする」とは、プレーヤーがボールをキャッチする前に、ボールが他のプレーヤーや地面に触れていないことをいう。

モール

モールからボールが出なければスクラムが命じられる

モールの前進が止まる、ボールがアンプレアブルになる、また、故意の反則によらずモールが崩れた、といったケースではレフリーは笛を吹きスクラムを命じます。ただ、モールが崩れても正当な形ですぐにボールが出てプレーに移行すれば、そのままプレー続行となります。

スクラムを命じられた場合、基本的にモール開始時にボールを持っていなかった側がボールを入れる

●モールが停止したままであるか、5秒以上前進しない場合でもボールが動いていることを確認できる場合には、レフリーはボールが出るために適当な時間の余裕を与えてもよい。その時間内にボールが出なければスクラムが命じられる。
●モールの前進が止まっても、5秒以内であれば再びモールを前方へ動かしてよい。モールを2回目に押し直して再びモールの前進が止まっても、ボールが動いていることを確認できる場合には、レフリーはボールが出るために適当な時間の余裕を与えてもよいが、ボールが出なければスクラムが命じられる。
●モールの中のボールがアンプレアブルとなれば、レフリーはボールの奪い合いを長く認めてはならず、スクラムを命じる。

●モールの中のボールキャリアが、地面に片膝または両膝をついたり、腰を下ろしたり、地上に倒れた場合には、直ちにボールがプレー継続可能とならない限りスクラムを命じる。

8 モールがインゴールに入った場合

モールがインゴールに入り、ボールがタッチダウンされるか、またはアンプレアブルになった場合、5メートルスクラムを組む。ボールは攻撃側が入れる。

マーク

ボールを直接明確にキャッチすると同時に「マーク！」と叫ぶ

マークとは、自陣22メートルライン上、またはその後方で、相手側のキックしたボールを直接明確にキャッチすると同時に「マーク」と叫ぶことによって行われます。ただし、キックオフからはできません。マークに対してはキックが与えられます。キャッチする前にボールがゴールポストまたはクロスバーに触れても、プレーヤーはマークすることができます。また、防御側のプレーヤーはインゴール内でもマークできるのです。

❶マーク後
レフリーは直ちに笛を吹き、マークしたプレーヤーにフリーキックを与える。

❷キックを与えられる地点
マークの地点

❸キックの行われる地点
マークの地点、またはマークの後方、マークを通る線上で行う。

❹キッカー
●キックはマークしたプレーヤーが行う。
●そのプレーヤーが1分以内にキックできない場合は、マークの地点でスクラムを組み、マークした側がボールを入れる。

マークは地面に両足がついた状態でも、ジャンプしながらでもできる

❺キックに代わるスクラム

●マークした側はスクラムも選択できる。
●スクラムの地点は、マークがフィールドオブプレー内であれば、スクラムはマークの地点となる。ただし、タッチラインから5メートル以内では組まない。マークがインゴールにある場合、スクラムはマークを通る線上でゴールラインから5メートルの地点で行う。ただしタッチラインから5メートル以内では組まない。ボールはマークした側が入れる。

ルールの傾向とローカルルール

ルールに対し柔軟に取り組むのがラグビーの基本姿勢

ラグビーのルールは毎年のように改訂されます。通常はイングランドを中心とした北半球、ニュージーランドやオーストラリアを中心とした南半球の各協会より意見が提示され行われています。北半球側はフォワード系のパワフルな、南半球側は展開を重視したスピーディなラグビーにもっていきたい傾向があるようです。

各地域で独自に適用されているローカルルールもあります。日本でも高校生のゲームでは、スクラムを2段階で組む（はじめに1〜5番、次に6〜8番が組む）、「スクイーズボール」をしてはならないなどがあります。

また、世界標準になった5メートルスクラムや、22メートルラインの外側からキックしたボールがダイレクトでタッチとなった場合、蹴った地点から相手ボールのラインアウトになる（ダイレクトタッチ）といった規則も、元は日本のローカルルールです。ルールではないものの、ショートラインアウトも、当初は日本オリジナルの戦術であったといわれています。

第4章

試合再開の方法

得点や反則によりプレーが中断したあと、試合を再開するにはいくつかの方法がある。リスタートからチャンスが生み出される機会が多い。また、再開方法により犯した反則の重さがわかる。

競技区域外の地面や人に触れたボールはタッチとなる

タッチの定義

キックが直接タッチになる

キックされたボールが競技区域内に着地せず、プレーヤー、レフリーのいずれにも触れずにタッチになること。

22メートル区域

22メートルラインとゴールラインの間の区域。22メートルラインは含むが、ゴールラインは含まない。

ラインオブタッチ

ラインアウトにおいて、ボールが投げ入れられる地点を通りタッチラインと直角をなす、フィールドオブプレー内に想定された線をいう。

●プレーヤーがボールを持っていない場合、ボールがタッチライン、その外側の地面や外側にある物、あるいは人のいずれかに触れた場合、そのボールはタッチとなる。

●プレーヤーがボールを持っている場合、ボールまたはボールキャリアが、タッチライン、あるいはその外側の地面に触れた場合、そのボールはタッチとなる。

タッチになった地点とは、ボールあるいはボールキャリアが、タッチラインに触れた、あるいはタッチラインを横切った地点をいう。

●プレーヤーが片足でもタッチライン上あるいはタッチラインの外の地面においてボールを捕った場合、そのボールはタッチである。

●ボールキャリアが片足をフィールドオブプレーに、片足をタッチに置いている場合、そのボールはタッチである。

両足が競技区域内にあるプレーヤーが、空中でボールをキャッチしたとき、たとえボールの位置がタッチラインより外であってもタッチにはならない

両足が競技区域にあるプレーヤーがボールを受けたときは、タッチにならない

- 両足が競技区域にあるプレーヤーがボールを受けたときは、その直前にボールがタッチラインを横切っても、タッチにはならない。このようなプレーヤーがジャンプしてボールをつかんだ場合は、両足が競技区域に着地すればタッチにならない。
- ボールがタッチライン上の立平面を越えていないときは、タッチにあるプレーヤーがボールをキックあるいはノックしてもタッチにはならないが、ボールをつかんだときはタッチとなる。

※タッチライン上の立平面とは、タッチライン上に想定された垂直な平面である。 新ルール

 ※新ルール▶P233

キックの成否でボールの投入場所が変わる

キックの結果タッチとなったボールは、落ちた地点やキックされた位置により地域が獲得できない場合があります。これに対し、ペナルティキックは、どこから蹴ってもボールがタッチになった地点まで地域が獲得できます。ボールの投入場所はタッチとなった地点です。

ペナルティキックを除き、22メートル区域およびインゴール以外から蹴ったボールが直接タッチになると地域は獲得できない

【ラインアウトの投入場所】

❶地域が獲得できない場合（ダイレクトタッチ）

キッカー側の22メートル区域およびインゴール以外からキックしたボールが直接タッチになったとき

●ペナルティキックを除き、キッカー側の22メートル区域およびインゴール以外からキックしたボールが直接タッチになったとき、地域は獲得できない。

キッカー側の22メートル区域あるいはインゴールにボールを持ち込んだとき

●防御側のプレーヤーが、22メートル区域の中、およびインゴール以外で受けたボールを、22メートル区域内あるいはインゴールに自ら持ち込んでキックして直接タッチになったとき、地域は獲得できない。双方ともラインアウトでボールを投入するのは、キックされた地点の対向点か、ボールがタッチになった地点のうち、キッカー側のゴールライ

ンに近い地点となる。

タッチとボールを投げ入れる地点

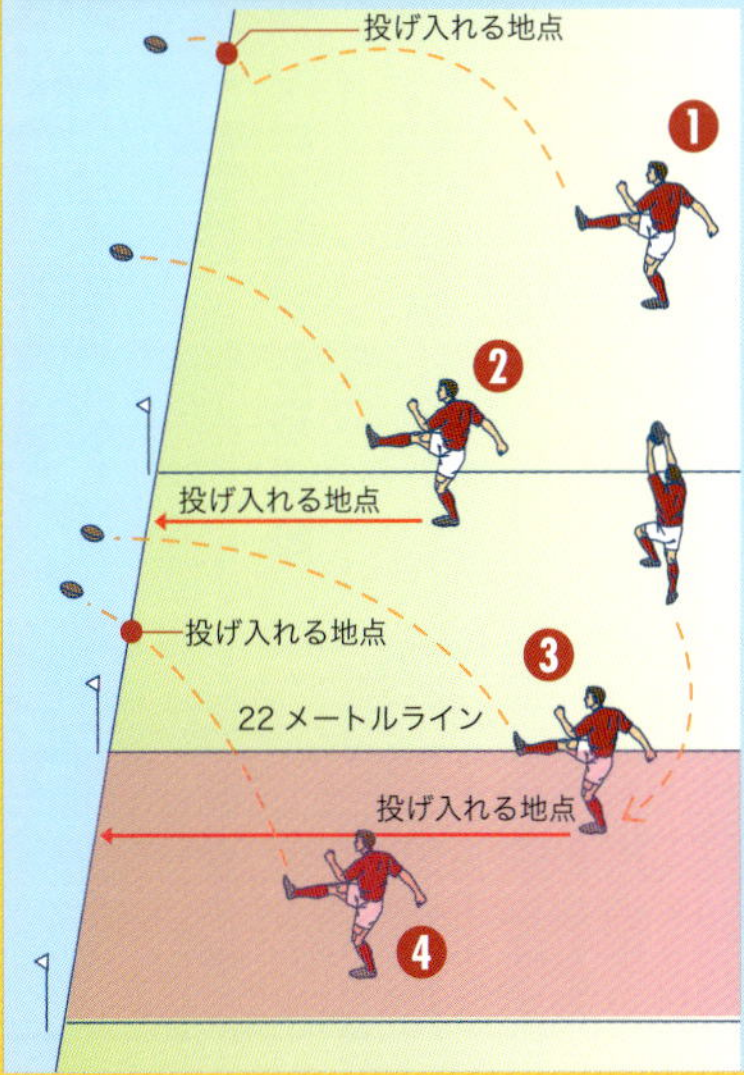

❶バウンド後にボールがタッチになった。
❷22メートル区域外からダイレクトでタッチ。
❸22メートル区域外でキャッチしたボールを22メートル区域内に戻ってキックしダイレクトでタッチ。
❹22メートル区域内から蹴ったボールがダイレクトでタッチ。①④はボールが出た地点から、②③はともに蹴った地点の延長線上からラインアウトでボールを投入。

直接タッチにならなかったキックなら地域が獲得できる

ペナルティキックを除き、いずれの場所から蹴っても、ボールが一度競技区域内に落ちてからタッチとなれば地域を獲得できます。また、防御側のプレーヤーが、22メートル区域内、あるいはインゴール内で受けたボールであれば、蹴ったボールが直接タッチとなっても地域を獲得することができます。

22メートル区域、およびインゴール以外から、ペナルティキック以外でタッチを狙う場合は、相応のスキルが要求される

❷ 地域が獲得できる場合

●キッカー側の22メートル区域内あるいはインゴールからのキック

防御側のプレーヤーが、22メートル区域の中、あるいはインゴールで受けたボールをその区域内からタッチに蹴り出したとき、地域が獲得できる。ラインアウトでボールを投入する地点は、ボールがタッチになった地点である。

●直接タッチにならなかったキック

競技区域内のいずれの場所からでも、キックされたボールがフィールドオブプレーでバウンドした後タッチになれば、地域が獲得できる。ラインアウトでボールを投入する地点は、いずれもボールがタッチになった地点である。新ルール

※新ルール▶P234-235

タッチとボールを投げ入れる地点(ペナルティキックとフリーキックの場合)

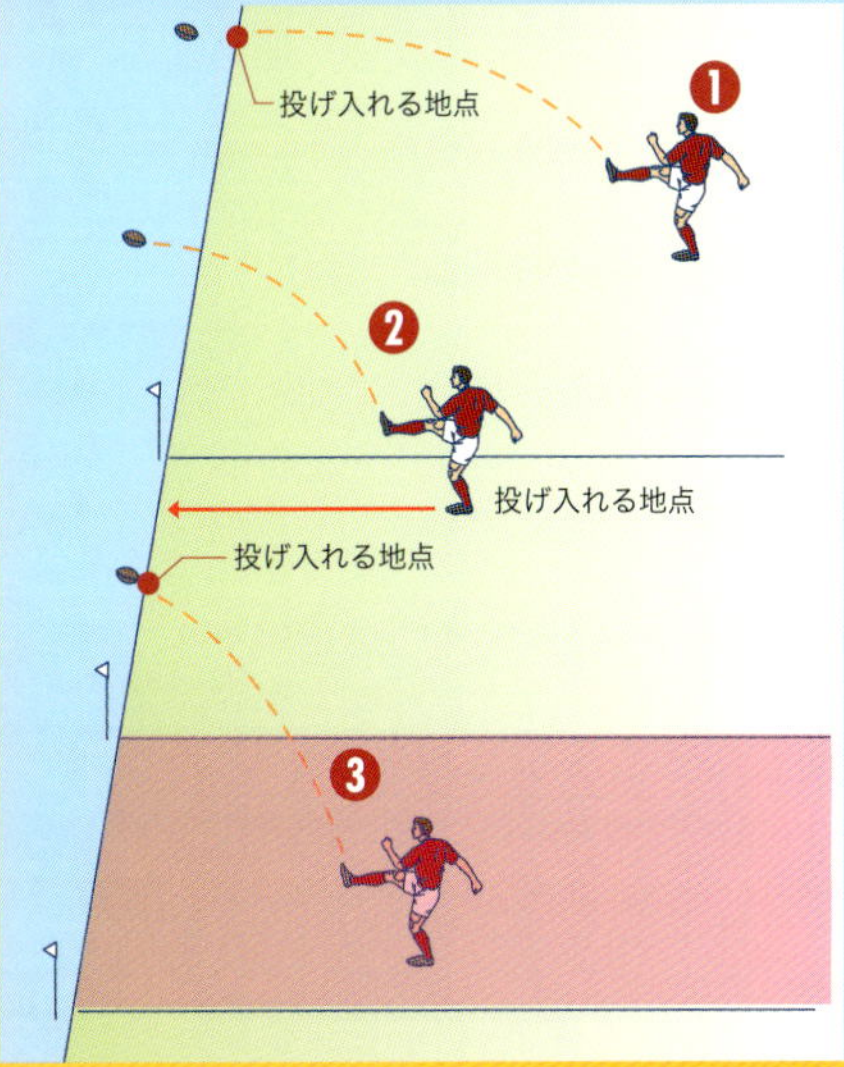

①ペナルティキックの場合、ダイレクトタッチであってもタッチとなった地点でラインアウト。

②フリーキックの場合、ダイレクトタッチであればキッカーの地点でラインアウト。

③22メートル区域内であればすべてタッチの地点でラインアウト。

ラインアウトの形成前でもボールを投げ入れることができる

タッチになった地点よりも後方であれば、ラインアウトを形成する前にタッチからボールを投入できます。これをクイックスローインと言います。クイックスローインは、タッチになったボールをスロワーが拾い、そのまま投げ入れることが条件となります。

クイックスローインに際しては、周囲のプレーヤーの迅速な対応が不可欠となる

クイックスローイン 新ルール

●ラインアウトの形成を待たずにクイックスローインをすることができる。

●ボールがタッチに出た地点と、そのプレーヤー側のゴールラインとの間のフィールドオブプレーの外側からであれば、どこからでもボールを投げ入れることができる。

●ラインアウト形成後にクイックスローインはできない。行ってしまった場合は、同じチームによって、改めてラインアウトを行う。

●クイックスローインではタッチに出たボールを使わねばならない。他のボールが使われた場合、あるいは投げ入れるプレーヤー以外の者がタッチに出たボールに触れたときにはクイックスローインは認められず、同じチームによって、改めてラインアウトを行う。

●ボールはタッチラインから少なくとも5メートルの地点で最初にプレーヤーか地面に触れるように投げ入れる。また、

※新ルール▶P236-237

投入するプレーヤーは投げ入れるときにフィールドオブプレーに足を踏み入れてはならない。

●クイックスローインでは、プレーヤーはラインオブタッチに来て、その位置から反則とならずに離れることができる。

●クイックスローインでは、いずれのプレーヤーもボールが5メートル投げ入れられることを妨げてはならない。

罰則 ▶15メートルライン上で FK

●タッチに押し出されたボールキャリアは、相手側プレーヤーがクイックスローインをできるように、ボールを放さなければならない。

罰則 ▶15メートルライン上で PK

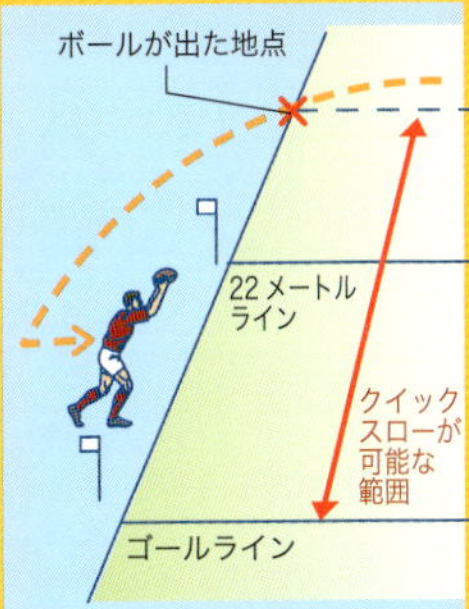

クイックスローはタッチになった地点より後方で、ゴールラインより手前であれば、どこからでもできる。ただし、タッチになったボールをスロワーが拾い、そのまま投げ入れなければいけない

 ※PK＝ペナルティキック／FK＝フリーキック （▶P158）

正しい位置からフィールドオブプレーに踏み入れずに投入

ラインアウトでボールを投入するプレーヤーは、正しい位置に立ち、かつフィールドオブプレーに足を踏み入れずに投げ入れます。

ボールはラインオブタッチ上真っすぐに、タッチラインから少なくとも5メートルの地点で最初に地面、またはプレーヤーに触れるか、触れられるように投げ入れます。

正しくない投入

●正しく投げ入れられなかったとき、相手側は次の2つのうち1つを選択できる

1	2
ラインアウトでボールを投入する	15メートルライン上の地点でスクラムを組む

●遅滞や投げ入れるふりをしてはいけない。

罰則▶15メートルライン上で FK

FK＝フリーキック（▶P158）

味方に有利にならないよう真っすぐ、5メートル以上の距離を投げ入れるのがスローの基本です。

ラインアウト

ボールを投入することで早く、安全に、公平に試合を再開

ラインアウトの目的は、ボールがタッチになった後、2列に並んだプレーヤーの間にボールを投入することにより、早く、安全に、公平に試合を再開することです。

ラインアウトに参加するプレーヤーとは、ボールを投入する者、ボールを投入する相手側のプレーヤー、2名のレシーバー、およびラインアウトプレーヤーのことです。

←近年、ラインアウトは攻撃するうえで大変有効な戦術となっており、チームはそのスキルアップに余念がない

【ラインアウトの定義】

❶ラインアウトプレーヤー
ラインアウトに2列に並んでいるすべてのプレーヤーをいう。

❷レシーバー
ラインアウトからボールがパス、あるいはノックパックされたときに、それを捕る位置にいるプレーヤー。誰でもなれるが、それぞれのチームは1回のラインアウトで1人のレシーバーしか置けない。

❸ラインアウトに参加しているプレーヤー
ボールを投入する者、ボールを投入する相手側のプレーヤー、2名のレシーバー、およびラインアウトプレーヤーをいう。

④その他すべてのプレーヤー

ラインアウトに参加しているプレーヤーは、ラインアウトが終了するまで、ラインオブタッチから少なくとも10メートル、あるいは味方のゴールラインのうち、いずれか近い方の後方にいなくてはならない。

⑤15メートルライン

タッチラインに平行で、フィールドに向かって15メートルにある線をいう。

⑥ラインアウト後のスクラム

ラインアウトで反則あるいは競技の停止があったためにスクラムが命じられる場合、そのスクラムはラインオブタッチと15メートルラインの交わる地点で組む。

ラインアウト

ラインアウトの人数はボールを投入する側に合わせる

ボールがタッチになったとき、ラインオブタッチに近づいていくプレーヤーはすべて、ラインアウトを形成するものと見なされます。ラインアウトに近づくプレーヤーは遅滞なく近づかなければなりません。

また、どちらの側のプレーヤーも、一度ラインアウト内の位置についたらラインアウトが終了するまで離れてはなりません。

❶ラインアウトの形成 新ルール

- 少なくとも双方2人のプレーヤーがラインアウトを形成しなくてはならない。
- ボールを投入する側が、ラインアウトに並ぶ最大人数を決定する。
- ボールを投入する相手側のチームのラインアウトプレーヤーは、ボールを投入する側のラインアウトプレーヤーより少なくてもよいが、多くてはならない。
- 故意にラインアウトの形成を遅らせてならない。
- ラインアウトプレーヤーの立つ位置
先頭のラインアウトプレーヤーは、タッチラインから5メートル以内に立ってはならない。最後尾のラインアウトプレーヤーの立つ位置は、タッチラインから15メートルを越えてはならない。その他のラインアウトプレーヤーは、

罰則 ◀ FK

※ 新ルール ▶ P238-239

基本的なラインアウトの形成

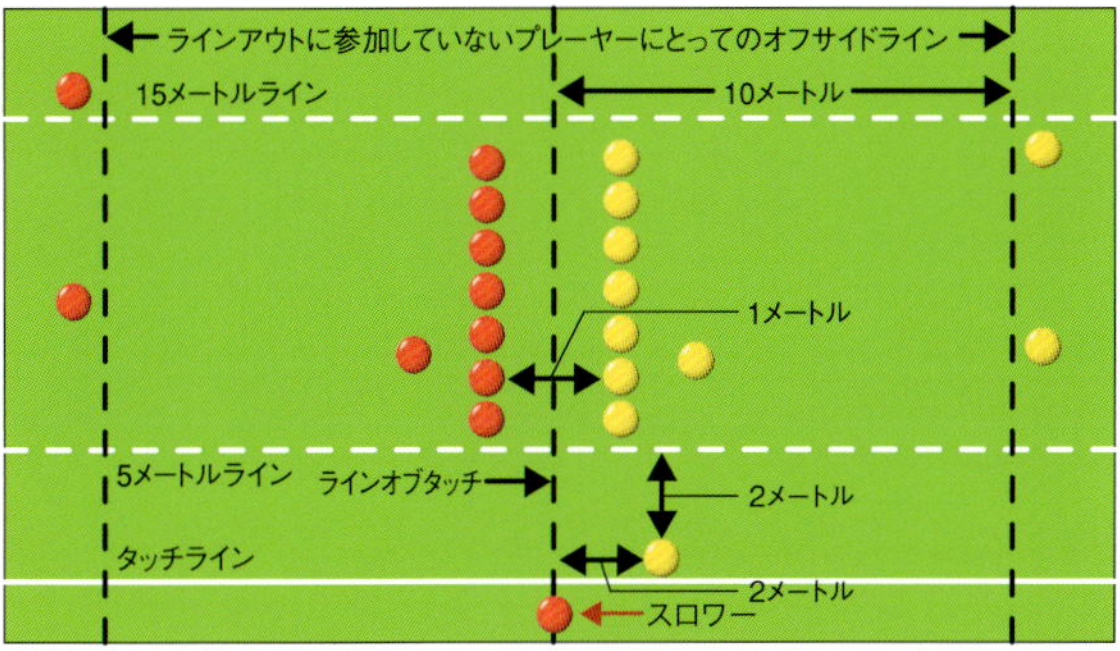

この2点の間に立たなくてはならない。

●双方のラインアウトプレーヤーは、内側の肩と肩の間にはっきりとした間隔を空けておく。間隔はプレーヤーが直立した状態で決定される。

●1メートルギャップ
双方のラインアウトプレーヤーの列は、ラインオブタッチから50センチメートル離れていなければならない。

●ラインオブタッチは、ゴールラインから5メートル以内では形成されない。

15メートルライン上で

ショートラインアウトではラインアウトプレーヤーの人数が少なくなる

投入するプレーヤーの手からボールが離れたら開始

ボールを投入するプレーヤーの手から、ボールが離れた瞬間がラインアウトの開始です。よって、プレーヤーはラインアウトが形成されても、ボールが投入される以前に相手側プレーヤーをつかんだり、押したり、チャージ、妨害をしてはいけません。そのような行為があった場合には、ペナルティが科されます。

ラインアウトの開始と終了は、ラインアウトの周辺で起こるオフサイドの判定に影響をおよぼす

❷ラインアウトの開始と終了

開始
●ラインアウトは、ボールを投入するプレーヤーの手からボールが離れたときに開始となる。

終了
●ボールあるいはボールキャリアがラインアウトを離れたときに終了する。これには次の場合を含む。

1	ボールがラインアウトから、パス、ノックバック、またはキックされたとき
2	ラインアウトプレーヤーが、ピールオフ（P134参照）をするプレーヤーにボールを手渡したとき
3	ボールが15メートルラインを越えて投げ入れられたとき、またはプレーヤーがボールを持って15メートルラインを越えたとき

4	ボールまたはボールキャリアが5メートルラインとタッチラインの間の区域に移動したとき
5	ラインアウトにおいてラックまたはモールが形成され、それらに参加しているプレーヤーのすべての足が、ラインオブタッチを越えて移動したとき

また、ボールがラインアウト内でアンプレアブルになったとき、ラインアウトは終了し、スクラムによって再開される。

相手を支えにしたボールキャッチは反則

ラインアウトプレーヤーは、ボールに向かって飛び上がる際、どの方向に向かってステップしても構いませんが、ラインオブタッチを越えてはいけません。

また、ジャンプするときに相手側のプレーヤーの肩に手をついたり、ジャンプすることを妨害することも禁止されています。

さらに、ラインアウトが終了する前に、相手側プレーヤーをつかんだり押すことも反則となります。

❸ラインアウトにおける制限

- ラインアウトプレーヤーは、ボールに向かってジャンプするために相手のプレーヤーを支えに使ってはならない。
- ラインアウトプレーヤーは、ラックあるいはモールが形成された場合を除き、ボールを持っていない相手側プレーヤーを捕らえたり、押したり、チャージしたり、妨害したりつかんだりしてはならない。
- ラインアウトプレーヤーは、タックルしようとするときおよびボールをプレーしようとするときを除き、相手プレーヤーをチャージしてはならない。

罰則 ◀ 15メートルライン上で PK

※PK＝ペナルティキック（▶P158）

ボールを捕る意志がなく、相手側プレーヤーに体を寄せて捕球を妨害するのは反則

ラインアウトから離れてボールを受けるピールオフ

ピールオフとは、ラインアウトの際、味方のラインアウトプレーヤーによってボールがパスまたはノックバックされるとき、プレーヤーがそのボールを受けようとしてラインアウトから離れることをいいます。ピールオフとは「皮を剥く」という意味。ボールの動きに合わせて、まるでバナナの皮を剥くように、ラインアウトプレーヤーがラインをはなれていくために、このようなネーミングになったと言われています。ピールオフは、ラインアウトの開始と同時に認められます。

④ピールオフ

●投げ入れるプレーヤーの手からボールが離れるまで、ピールオフを始めてはならない。
●ピールオフするプレーヤーは、ラインアウトが終了するまで、ラインオブタッチとラインオブタッチから10メートルまでの間の区域内で動き続けなければならない。
●ボールが投げ入れられる前であれば、ポジションをかえてもよい。

罰則 ▶ ラインオブタッチに沿いタッチラインから15メートルの地点で FK

ピールオフ

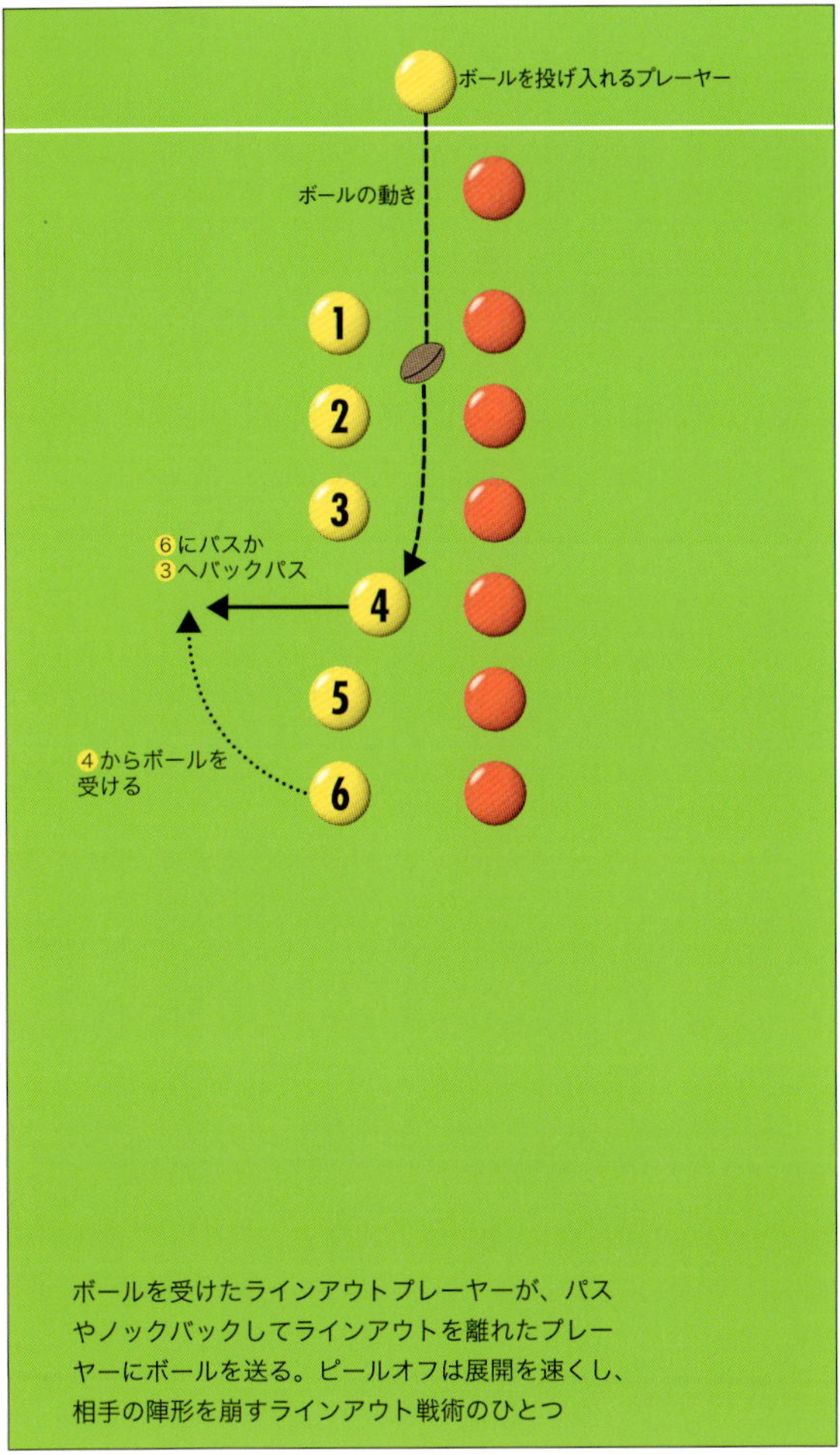

ボールを受けたラインアウトプレーヤーが、パスやノックバックしてラインアウトを離れたプレーヤーにボールを送る。ピールオフは展開を速くし、相手の陣形を崩すラインアウト戦術のひとつ

ラインアウトでは双方に2種類のオフサイドラインがある

ラインアウトの際には、双方のチームに2種類のオフサイドラインが存在します。

その1つはラインアウトに参加しているプレーヤー（おもにフォワード、スクラムハーフ）にとってのものです。そしてもうひとつはラインアウトに参加していないプレーヤー（おもにバックス）に対してのものになります。また、ラインアウトに参加しているプレーヤーは、ラインアウトが終了するまで15メートルラインを超えてラインアウトを離れてはなりません。

⑤ラインアウトにおけるオフサイド

●ラインアウトでは、双方、ゴールラインに平行な2種類のオフサイドラインがある。

●ボールが投げ入れられ、プレーヤーまたは地面に触れるまでは、ラインオブタッチがオフサイドライン。

ラインアウトに参加しているプレーヤー

●ボールがプレーヤーまたは地面に触れた後は、ボールを通りゴールラインに平行な線がオフサイドライン。

ラインアウトに参加していないプレーヤー

ラインオブタッチの後方10メートルでゴールラインに平行な線あるいは味方のゴールラインのうち、いずれか近い方の線がオフサイドラインである。

※ラインアウトに参加しているプレーヤーは、ラインアウトが終了するまでそこから離れてはならない。

ラインアウト中にラインを離れた
手前のプレーヤーはオフサイド

ラインアウトが始まる前、手前にいる4人のバックスラインはラインオブタッチの後方10メートルのラインの後方に控えている

1

ラインアウトでのオフサイド例

2

ボールが投げ入れられると同時に、奥から2番目のプレーヤーが前進を開始

ラインアウト終了前に飛び出しているためオフサイドとなる

3

【例外】ロングスローインにはラインアウトオフサイドが適用されない

ボールが15メートルラインを越えて投げ入れられた（ロングスローイン）場合、ボールが投入プレーヤーの手を離れれば直ちに、投げ入れる側のプレーヤーはいずれもボールを捕るために前進してよい。

ロングスローインの場合、ラインアウトに参加しているプレーヤーは15メートルラインを越えて、また、ラインアウトに参加していないプレーヤーはオフサイドラインを越えて動くことができる。その場合、相手側プレーヤーもそれに応じて動くことができる。

ただし、ロングスローインされるボールが15メートルラインを越えて投げられなかった場合には15メートルラインあるいはオフサイドラインを越えて動いたプレーヤーは、オフサイドとなる。

罰則▶ラインアウトに参加しているプレーヤーのオフサイドについては、15メートルライン上でPK。ラインアウトに参加していないプレーヤーのオフサイドについては、反則した地点においてPK。ただし、少なくともタッチラインから15メートルの地点においてPK。

 ※PK＝ペナルティキック（▶P158）

ラインアウト

ラインアウトでラックやモールができるとオフサイドラインが変わる

ピールオフやロングスローインなどのデザインされたプレーの場合を除けば、ラインアウト後にはラックやモールが形成されることが多くなります。

その際には、ラインアウトプレーヤーにおけるラインアウト時のオフサイドラインは消滅し、ラックまたはモールのオフサイドラインが適用されます。

ラインアウト後のモールやラックの形成は、戦術的にも多く用いられる

6 ラインアウトでのラックまたはモールにおけるオフサイド

- ラインアウトでラックまたはモールが形成された場合、ラインアウトに参加しているプレーヤーにとってのオフサイドラインは、ボールの線ではなくなり、ラックまたはモールに参加している味方の最後尾の足を通る線である。
- ラインアウトに参加していないプレーヤーにとってのオフサイドラインは、ラインオブタッチの後方10メートルまたは味方のゴールラインのうち、いずれか近い方の線である。ラインアウトでラックまたはモールが形成されていてもラインアウトは終了しない。
- ラックまたはモールに参加しているプレーヤーのすべての足が、ラインオブタッチを越えて移動したとき、ラインアウトは終了する。
- ラインアウトに参加しているプレーヤーは、ラックもしくはモールに参加する、またはオフサイドラインまで下がっ

てそこにとどまらねばならない。これに反するとき、そのプレーヤーはオフサイドとなる。

罰則▼15メートルライン上でPK

 ※PK＝ペナルティキック（▶P158）

競技の停止後、早く、安全に、公平に試合を再開する方法

スクラムはバインドして3列になった8人ずつのプレーヤーによって形成される

スクラムの目的は、軽度の反則や競技の停止があった後、早く、安全に、公平に試合を再開することになります。

スクラムは、フィールドオブプレーで、互いにバインドして3列になった8人ずつのプレーヤーによって形成され、双方のフロントローは頭を交互に組み合います。組み合うことによってトンネルが形成され、そこに双方のフロントローが、左右どちらか片方の足でフッキングすることによりボールを獲得するよう、スクラムハーフがボールを投入します。

スクラムを構成するもの

トンネルとは、双方のフロントローの間の空間をいい、**スクラムハーフ**とは、スクラムにボールを投入するプレーヤーをいいます。

スクラムの中央線とは、トンネル内の、双方のフロントローの肩の接点で作られた線の真下の地上に想定される線をいいます。

フッカーとは、双方のフロントローの中央のプレーヤーです。

プロップとは、フッカーの両側のプレーヤーをいい、左側のプロップをルースヘッドプロップ、右側のプロップをタイトヘッドプロップといいます。

ロックは、2列目に位置し、フッカーおよび

スクラムはラグビーを象徴するプレーのひとつ。ペナルティ以外でボールがこう着状態となった場合などの試合再開方法である

プロップを押す2人のプレーヤー。

フランカーは、2列目または3列目のプレーヤーとバインドし、外側に位置するプレーヤーをいいます。

ナンバーエイトとは、3列目に位置し、通常は2人のロックを、場合によってはロックとフランカーを押すプレーヤーをいいます。

スクラムは3列からなり、1列目をフロントロー（❶〜❸）、2列目をセカンドロー（❹〜❺）、3列目をバックロー（❻〜❽）と呼ぶ。フロントローは2人のプロップとフッカー、2列目は2人のロック、3列目は2人のフランカーとナンバーエイトからなる

スクラムは原則として反則のあった地点で組む

軽度の反則や競技の停止があった場合に、迅速かつ公平に試合を再開する方法がスクラムです。双方のフォワードプレーヤー8名が、崩れないようにしっかりバインドした状態でスクラムを組み、いずれかのチームのスクラムハーフが投入したボールを、スクラムを押すことで奪い合います。

❶スクラムの形成 新ルール

●スクラムの場所

競技規則に他に規定がない限り、反則があった地点、競技が停止した地点、あるいはそれにできるだけ近い地点で組まなければならない。スクラムはタッチラインから5メートル以内では形成されず、スクラムの中央線はゴールラインから5メートル以内にあってはならない。

●プレーヤーの数

双方それぞれ8人のプレーヤーによらなければならない。8人は、スクラムが終了するまで継続してバインドしていなければならない。双方のフロントローはいかなる場合でも3人必要で、また2人のロックが2列目を形成しなければならない。

罰則 ▶ PK

※新ルール▶P240-242

スクラムの地点がタッチラインから5メートル以内の場合は、5メートルラインより内側で、ゴールラインから5メートル以内の場合は、スクラムの中央線がゴールラインから5メートル離れる地点で組む

【例外】 理由を問わず、いずれかのチームの人数が15人より少なくなった場合、双方のチームはスクラムに参加するプレーヤーの人数を同じだけ減らしてもよい。一方のチームがスクラムに参加する人数を減らしたとき、もう一方のチームが同じ人数に合わせる必要はない。なお、いずれの場合も、少なくとも5人のプレーヤーがスクラムに参加していなければならない。

スクラムの組み方

- まず、レフリーは片足でスクラムが組まれる地点を示す。双方のフロントローは、組み合うまでは腕の長さ以内の間隔を空けておかなければならない。スクラムハーフがボールを持ち、投入できる状態になったら、双方のフロントローは、組み合ったときに頭と肩が腰より低くならないように、腰を落とした姿勢をとり、フロントローの頭は交互に組み合っていなければならない。
- スクラムは、ボールがスクラムハーフの手を離れるまでは、中央線がゴールラインに平行になるように静止していなければならず、ボールが投入される前にスクラムを押してはならない。
- フロントローが相手側とある距離を隔てて突進してスクラムを組むことは、危険なプレーである。

PK　FK

 ※PK＝ペナルティキック／FK＝フリーキック（▶P158）

クラウチ、バインド、セットがスクラムを組む合図

1

双方のフロントローは、組み合うまでは腕の長さ以内の間隔を空けておく(相手側とある距離を隔てて突進してスクラムを組むことは、危険なプレーとなる)

2

レフリーは「クラウチ」そして「バインド」をコールする。フロントローは腰を落とし十分な姿勢をつくり、プロップは、必ず外側の腕で相手にバインドしなければならない。そのあと、フロントローの準備ができたら、レフリーは「セット」をコールし、フロントローは組み合ってよい

「セット」は、その合図とともに組むという意味ではなく、準備ができたら組み合ってよい、という意味の指示

スクラム

バインディングとは味方のワキの高さか、その下の部分をつかむこと

スクラムで、プレーヤーが味方のプレーヤーにバインドするときは、手から肩までの腕全体を用いて、味方のプレーヤーの胴体の、ワキの高さかまたはその下の部分をつかまなくてはいけません。

単に味方のプレーヤーの身体に手を置いている状態は、バインドしているとはみなされないのです。

❷バインディング

すべてのフロントロー

フロントローは、スクラムが開始してから終了するまで、しっかりと、継続して、互いにバインドしていなければならない。

ルースヘッドプロップ（1番）

ルースヘッドプロップは、左腕を相手のタイトヘッドプロップの右腕の内側にして、ジャージの背中またはワキをつかまなければならない。ルースヘッドプロップは、相手のタイトヘッドプロップの胸、腕、袖、またはえりをつかんだり、下方へ力をかけてはならない。

タイトヘッドプロップ（3番）

タイトヘッドプロップは、右腕を相手のルースヘッドプロップの左腕の外側にして、相手のジャージの背中またはワキをつかまなければならない。

罰則 PK

○ プロップ、フッカーからなるフロントローは、互いにしっかりバインドする

× 相手を引き下ろすように掴んではいけないない

相手の胸、腕、袖、またはえりをつかんだり、下方へ力をかけてはならない。

●ルースヘッドプロップおよびタイトヘッドプロップは本規定に沿っている限りはバインディングを変えても良い。

他のすべてのプレーヤー

●スクラムに参加しているプレーヤーは、フロントローを除き、少なくとも一方の腕を味方ロックのいずれかにバインドしなければならず、ロックは、プロップとバインドしなければならない。プロップ以外のプレーヤーは、相手をつかんではならない。

●フランカーは、規定どおりバインドしていれば、どのような角度でスクラムにバインドしてもよいが、外側に開くことで相手のスクラムハーフがスクラムの横を前進することを妨害してはならない（P31写真参照）。

PK

 ※PK＝ペナルティキック（▶P158）

スクラム

反則でのスクラムは反則をしなかった側がボールを投入

スクラムの際ボールを投入する側は、スクラムの判定が下った理由によって変わります。ノックオン等、反則による場合には、反則をしなかった側、ラックやモールの場合には、優位に立っていた側のボールとなるのが基本。どちらかわからない場合には優位に進めていた側がボールを入れます。いずれの場合も、レフリーが競技規則にのっとって判断をくだします。

反則があったとき以外は、ラックやモールを優位に進めていた側のボールでスクラムを組む

③投入する側

●**反則があったためにスクラムが組まれる場合は、反則しなかった側がボールを投入する。**

ラック後

●ラックの後、スクラムが命じられた場合は、ラックの規則（スクラムへの移行→P98）に従ってボールを投入する側を決める。

モール後

●モールの後、スクラムが命じられた場合は、モールの規則（スクラムへの移行→P108）に従ってボールを投入する側を決める。

その他の競技の停止後

●その他の競技の停止、あるいは競技規則に定めのない場合については、競技停止の直前に前進していた側がボールを投入する。どちらの側も前進していなかった場合は、攻撃側がボールを投入する。

❹スクラムへのボールの投入

●スクラムハーフは、双方のフロントローが組み合うとすぐにボールを投入しなければならない。レフリーがボールを投入するよう命じた時は、直ちに、最初に選んだ側から投入しなければならない。

罰則▼FK

 FK＝フリーキック（▶P158）

ボールがスクラムハーフの手を離れたときスクラムが始まる

スクラムに投入されたボールが、トンネルのどちらかの側から出た場合、また、フロントローが触ることなくボールがトンネルをまっすぐ進み、スクラムハーフから遠い方のプロップの足の後方から出た場合は、フリーキックかペナルティが科される場合を除き、もう一度ボールを投入します。

❺スクラムハーフによるボール投入

- 立つ位置は中央線上、スクラムの地点から少なくとも1メートル離れた場所で、頭がスクラムに触れたり、一番近いフロントローを越えてはならない。
- ボールは、膝と足首の中間の高さで、フロントローの間の中央の線上、ボールの軸が地面と、かつタッチラインと平行になるように両手で持つ。
- すばやい動作で投入し、トンネルの外側でボールを手放す。
- 中央線に沿ってまっすぐに、最も近いプロップの肩の幅を越えた地点において、まず地面に触れるよう投入する。
- ボールを投入するふりや、後へ引く動作をせず、前方へ単一動作で投入する。

罰則 ◀ FK

スクラムハーフのボール投入姿勢。スクラムの中央線に沿って、真っすぐ投げ入れる

6 スクラムの開始

●スクラムは、スクラムハーフの手をボールが離れたとき、開始される。

FK

7 フロントロー

●フロントローはすべて、トンネルをはっきりと形成するように足を置かなければならない。ボールがスクラムハーフの手を離れるまで、フロントローは足を上げたり、前へ出してはならない。いずれのプレーヤーもボールがスクラムに投入されるのを妨げたり、ボールが正しい位置で地面に触れるのを妨げてはならない。

PK

●フロントローは、体をねじったり、低くしたり、相手を引っぱったり、あるいはその他、スクラムを崩すことにつながる行為をしてはならない。

●フロントローは、相手を宙に浮かしたり、スクラムから上方に押し出してはならない。

これらは、単にボールが投入される瞬間に限られるものではなく、スクラムが組まれているあいだ常に適用される。これらは危険なプレーである。

 ※PK＝ペナルティキック／FK＝フリーキック（▶P158）

スクラム

トンネル内のボールをプレーできるのはフロントローだけ

スクラムでは、トンネル内のボールをプレーできるのはフロントローだけに限られており、ヒザから下の部分以外でボールを取り込むことが許されていません。つまり、スクラムの中にあるボールを手で拾ったり、脚で拾い上げることは禁止です。また、いかなるプレーヤーもスクラムから出てくるボールの上に、あるいはボールを越えて倒れ込んではいけないことになっています。

8 スクラムにおける、その他の制限

スクラムに参加するすべてのプレーヤー

- スクラムの中にあるボールを手で扱ったり、脚で拾い上げてはならない。

罰則▶PK

- スクラムから出たボールをスクラムの中に戻してはならない。

罰則▶FK

ロックとフランカー

- フロントロー以外のプレーヤーは、トンネルの中にあるボールをプレーしてはならない。

罰則▶FK

スクラムハーフ

- スクラムの中にあるボールを蹴ってはならない。

罰則▶PK

- ボールがスクラムの中にある間、相手にあたかもボールが

スクラムの中にあるボールをプレーできるのは、フロントローのプレーヤーだけ

スクラムから出たと思わせるような行動をしてはならない。

罰則▼FK

●はずみをつけるための支えとするために、あるいは他のいかなる理由によっても相手フランカーをつかんではならない。

罰則▼PK

9 スクラムの終了

ボールがスクラムから出た場合

●ボールがトンネル以外のところから出たとき、スクラムは終了する。

スクラムがインゴールに入った場合

●スクラムはインゴールでは形成されない。スクラムの中のボールがゴールラインに触れるか、または越えてインゴールに入った場合、スクラムは終了し攻撃側のプレーヤーはトライを、防御側のプレーヤーはタッチダウンすることができる。

最後尾のプレーヤーがバインドをはずした場合

スクラムの最後尾のプレーヤーとは、スクラムに参加しているプレーヤーの中で、足が自陣のゴールラインに最も近いプレーヤーをいう。スクラムの最後尾のプレーヤーが、その足もとにボールがある状態で、バインドをはずしてボールを拾い上げたとき、スクラムは終了する。

 ※PK＝ペナルティキック／FK＝フリーキック（▶P158）

スクラムが90度以上回ったらスクラムをやり直す

スクラムを組んでいると、その力の作用の仕方により、スクラムが回転することがあります。そこで、不可抗力によりスクラムの中央の線がタッチラインと平行以上に回転した場合、レフリーがスクラムを止め、スクラムのやり直しを命じるルールが適用されています。

ホイールによりスクラムが停止した場合、前のスクラムが終了した地点で新しいスクラムが命じられる

10 スクラムのホイール

●スクラムが90度以上、すなわちスクラムの中央の線がタッチラインと平行になる以上に回転した場合、レフリーはプレーを止め、スクラムのやり直しを命じる。

●前のスクラムが終了した地点で、この新しいスクラムが命じられる。停止したときにボールを保持していなかったチームがボールを投入する。どちらのチームもボールを保持していなかった場合には、前のスクラムでボールを投入したチームが投入する。 新ルール

11 スクラムにおけるオフサイド

スクラムハーフのオフサイド

●スクラムが組まれるとき、スクラムにボールを投入しない側のスクラムハーフの立つべき位置は、ボールを投入しようとするスクラムハーフと同じ側か、または他のプレーヤーに規定されているオフサイドラインの後方である。

※新ルール▶P243

●ボールを獲得した側のスクラムハーフは、ボールがスクラムの中にある間、両足をボールより前に出した場合にはオフサイドとなる。片足のみボールより前に出した場合にはオフサイドにならない。

罰則▶PK

●ボールを獲得しなかった側のスクラムハーフは、ボールがスクラムの中にある間、片足でもボールより前に出した場合にはオフサイドとなる。

罰則▶PK

●ボールを獲得しなかった側のスクラムハーフが、スクラムから離れた位置に動いて、味方の最後尾のプレーヤーの足の線を通るオフサイドラインの前方にいる場合はオフサイドとなる。

罰則▶PK

●スクラムに参加していないプレーヤーのオフサイド

双方の、スクラムに参加していないプレーヤーで、スクラムハーフ以外のプレーヤーは、オフサイドラインの前方にとどまるか、オフサイドラインを踏み越えた場合、オフサイドとなる。

罰則▶PK 新ルール

 ※PK＝ペナルティキック（▶P158） ※新ルール▶P243−245

PK および FK

反則がなかった時、反則をしなかった側に与えられるキック

ペナルティキックおよびフリーキックとは、反則があった際に、反則をしなかった側に与えられるキックのことをいいます。

キックはレフリーが示す地点(マーク)で与えられ、キッカーはマークの後方線上であれば、どこからキックしてもよいことになっています。キックの方法はパント、ドロップキック、プレースキックのどれでも構いませんが、ほとんどがパントで行われています。

❶ ペナルティキックおよびフリーキックが与えられるマークの地点

- キックが与えられる地点は、競技規則に他に規定がない限り、反則の起った地点である。

❷ キックの行われる地点

- キックはマークまたはマークの後方で、マークを通る線上で行われなければならない。反則の地点が相手側ゴールラインから5メートル以内の場合は、マークは反則の地点を通る線上、ゴールラインから5メートルの地点となる。

❸ キックの方法

- キックは、反則をしなかった側のどのプレーヤーが行ってもよく、パント、ドロップキック、プレースキックのどのキックでもよい。ボールは、かかととヒザを除いて、足または下肢のどの部分で蹴ってもよい。

ペナルティキックはチームのプレーヤーであれば誰が蹴ってもかまわない

●ヒザでボールをはずませることはキックとは見なされない。

罰則▶キッカー側の反則に対してはマークでスクラム。相手側がボールを入れる。

プレースキックでのペナルティキック

与えられたキックはスクラムに変更することができる

キックはボールを蹴り進める手段。持って蹴る場合は、ボールを明確に手から蹴り出さなければなりません。プレースキックでボールを蹴り進めるのは構いませんが、タッチに蹴り出す場合には、パントもしくはドロップキックを用いなければなりません。キッカーはボールをどの方向に蹴っても構わず、蹴ったボールをキッカーが自らプレーすることもできます。

①ペナルティキックおよびフリーキックにおける制限

スクラムへの変更

●ペナルティキックまたはフリーキックを与えられたチームは、スクラムを選択しボールを入れることができる。

過度の遅滞

●キッカーがペナルティキックにおいてレフリーにゴールキックの意思表示をした場合、意思表示をしてから1分以内にキックを行わなければならない。キックを行う意思表示とは、地面にキックティや砂を置いたり、キッカーが印をつける行為を言う。

●キッカーはボールが転がり再度置き直すような場合であっても1分以内にキックを完了しなければならない。1分を超えた場合、キックは禁止され、マークでスクラムを組み、相手側がボールを入れる。

●他の種類のキックについても、キックは過度の遅滞なく行

ペナルティキックでタッチに出すことは、確実に地域を獲得できる方法だ

われなければならない。

明確なキック

●キックでは、ボールをはっきりある距離を蹴り進めなければならない。

●ボールを持って蹴る場合、ボールを明確に手から蹴り出さなければならない。

●地上において蹴る場合は、明確にマークからボールが離れる距離を蹴り進めなくてはならない。

ボールの後方からのプレーへの参加

●キッカー側はすべて、プレーサーを除いて、キックされるまではボールの後方にいなくてはならない。

ペナルティキックでゴールが決まれば得点できる

キッカーはレフリーにゴールキックの意思表示をしてゴールを狙うことができます。いったん意思表示を行った後は、それを取り消すことはできず、キッカーは必ずゴールキックをしなければなりません。ただし、ドロップキックによる場合は、キッカーがゴールキックする意思表示をせずにボールを蹴り、ゴールに成功すれば、そのゴールは成立します。

キッカーはボールを置くために砂、おがくず、または承認されたキック用のティーを使用することができる

5 ペナルティゴール

- ペナルティゴールは、ペナルティキックからのゴールによって得られる。
- キッカーがレフリーにゴールキックの意思表示をした場合、相手側はキッカーがキックするため近づき始めてからキックが終わるまで、両手を下げ、静かにとどまっていなければならない。

6 ペナルティキックで相手側のすべきこと

後退

- 相手側は直ちに、マークから10メートル以上、または味方ゴールラインがマークから10メートル以内の時はゴールラインまで後退しなければならない。

後退を続けること

- キックが行われ、キッカー側がそのボールをプレーしても、相手側プレーヤーは後退すべき地点まで、後退を続けなけ

ればならない。後退が完了するまでプレーに参加できない。

●素早いキック

●キックが素早く行われたために10メートル退くことができなかった場合でも罰せられない。しかし、後退すべき地点まで後退を完了する、またはマークから10メートル後方にいたプレーヤーが自分より前方に走り出るまではプレーに参加してはならない。

●妨害行為

●相手側は、ペナルティキックが行われるのを遅らせたり、キッカーを妨害するような、いかなる行為も行ってはならない。ボールを故意に取る、投げる、あるいは蹴って、キッカーおよびキッカー側チームからボールを遠ざけてはならない。

罰則▶相手側の反則に対しては、最初のマークから10メートル前方でふたたびペナルティキック。マークはゴールラインより5メートル以内であってはならない。どのプレーヤーでもキックすることができる。キックの種類を変えることもゴールキックを選択することもできる。レフリーがふたたびペナルティキックを与えた場合は、レフリーがマークを示す前にキックを行ってはならない。

ペナルティキック、フリーキックにおける反則の誘発行為は禁止

ペナルティキックにおいて、相手側の反則が、キッカー側の故意のたくらみによるものであるとレフリーが確信した場合には基本的にプレーは続行となります。また、フリーキックにおいて、キッカーは蹴るふりをしてはなりません。一度キックしようとする動きを始めたら、相手側のプレーヤーはチャージすることができます。

←フリーキックでも、相手側の反則が、キッカー側の故意のたくらみによるものであるとレフリーが確信した場合には、レフリーは重ねて罰を科さずプレーを続行させる

7 フリーキックで相手側のすべきこと

後退

●相手側は直ちに、マークから10メートル以上、または味方ゴールラインがマークから10メートル以内の時はゴールラインまで後退しなければならない。フリーキックが防御側のインゴールで行われる場合は、マークから10メートル以上後方、かつゴールラインから5メートル以上離れた地点にいなければならない。

後退を続けること

●キックが行われ、キッカー側がそのボールをプレーしても、相手側プレーヤーは、後退すべき地点まで、後退を続けなければならない。後退が完了するまでプレーに参加できない。

素早いキック

●キックが素早く行われたために10メートル退くことができなかった場合でも罰せられない。しかし、後退すべき地点

まで後退を完了する、またはマークから10メートル後方にいたプレーヤーが自分より前方に走り出るまではプレーに参加してはならない。

妨害行為

●相手側は、フリーキックが行われるのを遅らせたり、キッカーを妨害するようないかなる行為も行ってはならない。ボールを故意に取る、投げる、あるいは蹴って、キッカーおよびキッカー側チームからボールを遠ざけてはならない。

罰則

●相手側の反則に対しては最初のマークから10メートル前方で再びフリーキック。マークはゴールラインより5メートル以内であってはならない。どのプレーヤーでもキックできる。レフリーが再びフリーキックを与えた場合は、レフリーがマークを示す前にフリーキックを行ってはならない。

ゲームの再開方法で反則行為の重さがわかる

ペナルティとは楽しいゲームに水を差した場合の罰

トライ後のコンバージョンキックでは、相手側プレーヤーがゴールを阻止する目的でチャージすることが許されています。これに対しペナルティキックのチャージは許されていません。このあたりもラグビーのルールのあり方をよく物語っています。

つまり、ペナルティとは楽しいゲームに水を差した場合の罰。同じゴールキックでもコンバージョンキックとはまったく違うものなのです。

また、ペナルティを受けたチームはボールを与えられ、タッチキックで陣地を獲得できます。その後、ラインアウトでゲーム再開となりますが、普通に考えれば、蹴り出した相手側のボールで再開されるところ。しかし、ペナルティの場合に限っては、蹴り出した側ボールでのラインアウトとなります。これは反則をさせない方策であるとともに、相手に大きな損をさせた罰でもあるのです。

さらに、反則がないままゲームが止まったときにはスクラムとなりますが、罰ではなく、スムースなリスタートを図るのが目的です。ゲームの再開方法から、ゲームや相手側に与えた悪影響の大きさがわかるのです。

第5章

インゴール

グラウンドの両端に設けられたインゴールは、いわば攻防が決着するエリア。それだけに双方のプレーヤーともに、守るべき細かい取り決めがある。

インゴールでは双方のプレーヤーがグラウンディングできる

インゴールとは、第6章で定義された区域（P178）のことであり、ここで双方のプレーヤーがグラウンディングすることができます。攻撃側のプレーヤーが相手側のインゴールに最初にグラウンディングした場合トライに、防御側のプレーヤーが最初にグラウンディングした場合はタッチダウンとなります。

防御側のプレーヤーがボールを受けたとき、片足でもインゴール内またはゴールライン上にあれば、そのプレーヤーはインゴール内にあるとみなされます。

❶グラウンディング

グラウンディングには次の2通りの方法がある。

ボールを持って地面につける

●ボールを抱え、インゴール内で地面にボールをつける。「ボールを抱える」とは、手または腕でボールをもっている状態のことである。グラウンディングする際、下方に押しつける必要はない。

ボールを押える

●インゴール内で地上にボールがある時、そのボールを手、腕、あるいは前半身のうち首から腰の間を使って、ボールを押える。

グラウンディング

グラウンディングの基本はボールを持って地面につけること

動きの中でも、首から腰の間を使ってボールを地面につけることができればグラウンディングが認められる

ゴールライン上へのグラウンディングもトライとなる

オンサイドのプレーヤーが相手側インゴールで最初にボールをグラウンディングすればトライとなります。攻撃側に限らず、防御側がインゴールに持ち込んだボールを攻撃側がグラウンディングしても同様にトライとなります。

ゴールポストおよびポストに巻かれているパッドは、インゴールに含まれるゴールラインの一部なので、攻撃側プレーヤーが最初にゴールポストまたはパッドと地面に同時にグラウンディングした場合には、トライが得られます。

❷その他のトライの方法

●ゴールライン上へのグラウンディング
ゴールラインはインゴールに含まれる。攻撃側プレーヤーが最初に相手側ゴールライン上にグラウンディングした場合、トライが得られる。

●プッシュオーバートライ
スクラムおよびラックはインゴール内では形成されない。スクラムあるいはラックがインゴールに押し込まれ、ボールがゴールラインに触れるかまたは越えた時、攻撃側のプレーヤーがボールを正当にグラウンディングした場合、トライが得られる。

●惰性によるトライ
攻撃側ボールキャリアがゴールライン手前でタックルされても、倒れたまま惰性により、止まらずに相手側インゴールに入り、最初にグラウンディングした場合、トライが得られる。

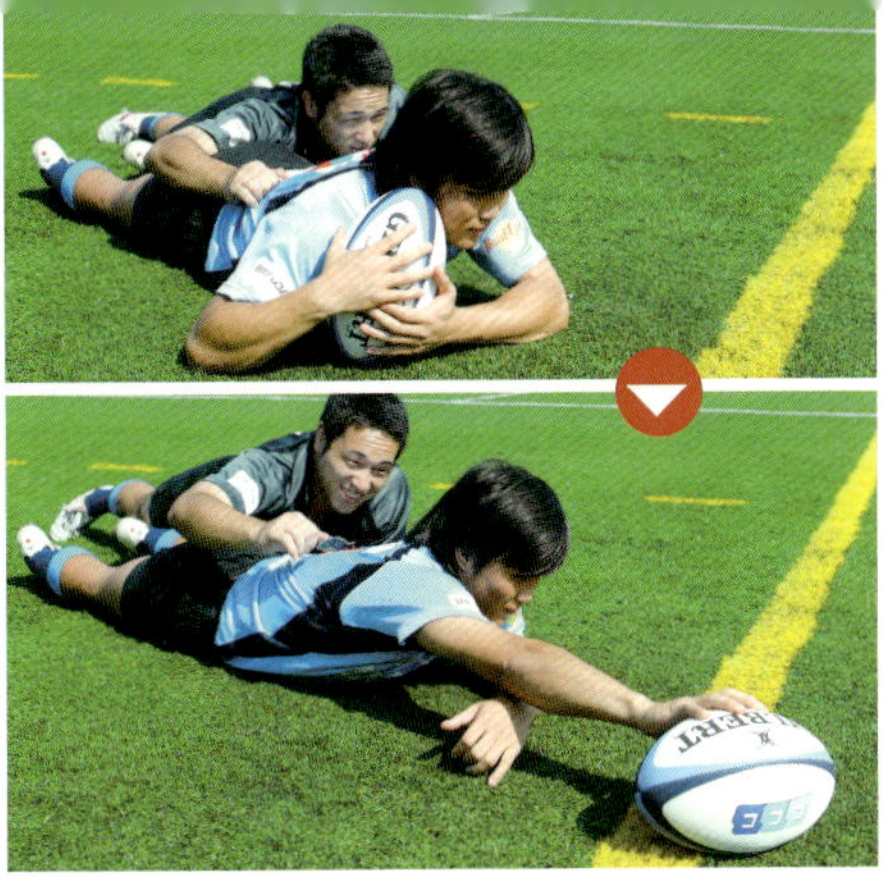

攻撃側のプレーヤーがインゴール直前でタックルを受けても、一連の流れでグラウンディングすればトライが認められる

ゴールライン近辺でタックルされた場合

●ボールキャリアがゴールライン近くでタックルされた後、直ちに手を伸ばしゴールライン上もしくは越えてグラウンディングした場合、トライが得られる。

タッチまたはタッチインゴールにいるプレーヤー

●攻撃側プレーヤーがタッチまたはタッチインゴールにあっても、相手側インゴールにあるボールをグラウンディングすることによりトライが得られる。ただし自分がボールを持っている場合を除く。

タッチインゴールの外からでもボールをグラウディングできる

ペナルティトライ

●ペナルティトライは、防御側の不正なプレーがなければ間違いなくトライが成立したと認められる場合に与えられる。また、防御側の不正なプレーがなければ、よりよい地点でトライが得られたと判断される場合にも与えられる。

●ペナルティトライはゴールポストの中間に与えられる。防御側はトライ後のコンバージョンキックに対してチャージを行ってもよい。

スクラムやラックはインゴールでは形成されない

攻撃側のプレーヤーがインゴールに運んだボールを、防御側のプレーヤーがタッチダウンした場合はドロップアウトでゲームを再開します。また、防御側プレーヤーが自陣インゴールに持ち込んだボールをタッチダウンした場合には、5メートルスクラムでゲームを再開します。スクラムの位置はタッチダウン地点に相対する、ゴールラインから5メートルの地点で、攻撃側がボールを投入します。スクラムやラックは、インゴールでは形成されません。

3 防御側によるグラウンディング

タッチダウン

- 防御側プレーヤーが味方のインゴールにおいて最初にボールをグラウンディングした場合、タッチダウンとなる。

タッチまたはタッチインゴールにいるプレーヤー

- 防御側プレーヤーがタッチまたはタッチインゴールにあっても、そのプレーヤーはインゴールにあるボールをタッチダウンすることができる。ただし自分がボールを持っている場合を除く。

4 スクラムまたはラックが押し込まれてインゴールに入った場合

- スクラムおよびラックはインゴールでは形成されない。
- スクラムあるいはラックがインゴールに押し込まれ、ボールがゴールラインに触れるかまたは越えた時、防御側のプレーヤーがボールを正当にグラウンディングした場合、タ

同じタッチダウンでも、相手側がインゴールにボールを入れた場合と、味方が入れた場合では、その後の展開が大きく変わる

ッチダウンとなる。

タッチダウン後の再開

防御側のドロップアウトで再開

●攻撃側のプレーヤーが相手側インゴールにボールを入れ、または持ち込み、防御側プレーヤーがそのボールをグラウンディングした。

●攻撃側のプレーヤーが相手側インゴールにボールを入れ、そのボールがタッチインゴールに出た。

●攻撃側のプレーヤーが相手側インゴールにボールを入れ、ボールがデッドボールラインを越えてデッドになった。

攻撃している側の5メートルスクラムで再開

●防御側プレーヤーがインゴールへボールを持ち込むか、または投げ入れて、そのボールを防御側プレーヤーがグラウンディングした（またはデッドになった）場合。スクラムの位置は、タッチダウンの地点に相対するゴールラインから5メートルの地点で、攻撃側がボールを入れる。

インゴール

インゴールでデッドになったらドロップアウトかスクラム

攻撃側プレーヤーがインゴール内でノックオンなどの反則をした場合、ゲームは5メートルスクラムで再開されます。

スクラムは反則のあった場所に相対する地点で組まれ、防御側がボールを入れます。同様に防御側プレーヤーがインゴール内でノックオンなどの反則をした場合も5メートルスクラムで再開。スクラムは反則のあった場所に相対する地点で組まれ、攻撃側がボールを入れます。

5 キックされたボールがインゴールでデッドになった場合

●ペナルティゴールまたはドロップゴールの不成功の場合を除き、相手側インゴールへ蹴り込んだボールがタッチインゴールに出るか、デッドボールラインを越えた場合、防御側はドロップアウトを行う、またはキックのあった地点でスクラムを組み、ボールを入れるかを選択することができる。

6 ヘルドインゴール

●インゴールにおいて、ボールキャリアがボールをグラウンディングできないように捕えられた場合には、ボールはデッドとなる。これはインゴール内でモールのかたちになった場合にも同様に適用される。5メートルスクラムを組み、攻撃側がボールを入れる。

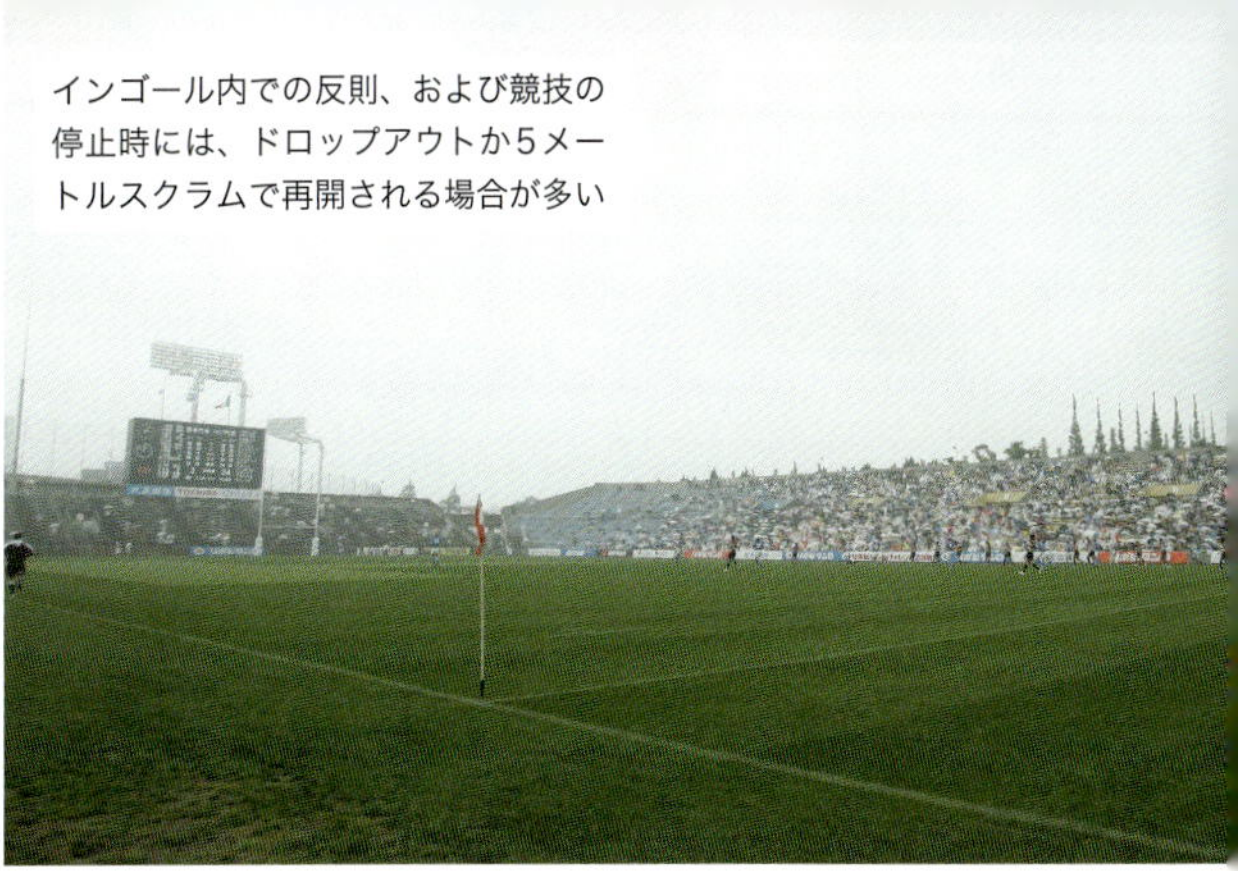

インゴール内での反則、および競技の停止時には、ドロップアウトか5メートルスクラムで再開される場合が多い

7 グラウンディングが疑わしい場合

●インゴールにおいて、いずれの側のプレーヤーがボールを最初にグラウンディングしたか疑わしい場合には、ボールがグラウンディングされた場所に相対する地点で5メートルスクラムを組み、攻撃側がボールを入れる。

インゴールでのデッド

●ボールがタッチインゴールラインもしくはデッドボールライン、またはそれらの線外にある物あるいは人に触れた場合、ボールはデッドとなる。

●ボールキャリアが、タッチインゴールラインもしくはデッドボールライン、またはそれらの線外にある地面に触れた場合、ボールはデッドとなる。

措置

ボールをインゴールへ入れたのが攻撃側であった場合↓防御側にドロップアウトが与えられる。

ボールをインゴールへ入れたのが防御側であった場合↓5メートルスクラムが攻撃側に与えられる。 新ルール

 ※新ルール▶P232

審判と呼ばずレフリーと呼ぶワケ

ゲームを管理し、何かあった時に仲裁する役目を担うのがレフリー

一般的に、競技でゲームを取りしきる役を担う者を審判と呼びます。ですが、ラグビーではあえて審判とは呼ばず、レフリーという名で呼びます。その理由はこうです。

審判とは、何かが起こったとき、白か黒かを決める存在、いわゆるジャッジメントを下す者です。これに対してラグビーのレフリーは、ゲームの管理を委任され、何かあった時に仲裁する役目を担っています。いわばゲームの水先案内人なのです。レフリーが存在する前は、チームのキャプテン同士が話し合って試合を進行していました。このあたりもラグビーが紳士のスポーツと言われるゆえんでしょう。

ちなみにタッチジャッジには、審判を意味する「ジャッジ」という言葉が用いられています。これは、例えばボールが出たか出ないか（白か黒か）を見分ける仕事を担っているからなのです。

第6章

試合前に知っておきたいこと

ここでは、競技を行う上で基本となるレギュレーションを紹介。特に国際試合や各国の協会が開催するゲームでは、ここに記された内容を基準に試合が行われることになっている。

グラウンド

プレーは競技区域内で行われる

グラウンドとは、左図に示された全域を指し、グラウンドには下に記したものが含まれます。図は、その中のすべての字句および数字とともに、規則の一部です。

フィールドオブプレー

ゴールラインとタッチラインに囲まれた区域。ゴールラインとタッチラインは含まない。

インゴール

ゴールラインとデッドボールラインに囲まれた区域。ゴールラインはインゴールに含まれるが、デッドボールラインとタッチインゴールラインはインゴールではない。

22 メートル区域

ゴールラインと 22 メートルラインの間の区域。22 メートルラインはこの区域に含まれるがゴールラインは含まれない。

競技区域

フィールドオブプレーとインゴール。タッチライン、タッチインゴールライン、デッドボールラインは含まない。

競技場

競技区域および、可能であれば、その周辺 5 メートルの区域。

競技場の表面

必要条件は常に競技を行う上で安全なもの。草で覆われているのが望ましいが、土、砂、雪、人工芝でもよい。雪の場合は、雪の下が競技を行うのに安全なものであること。

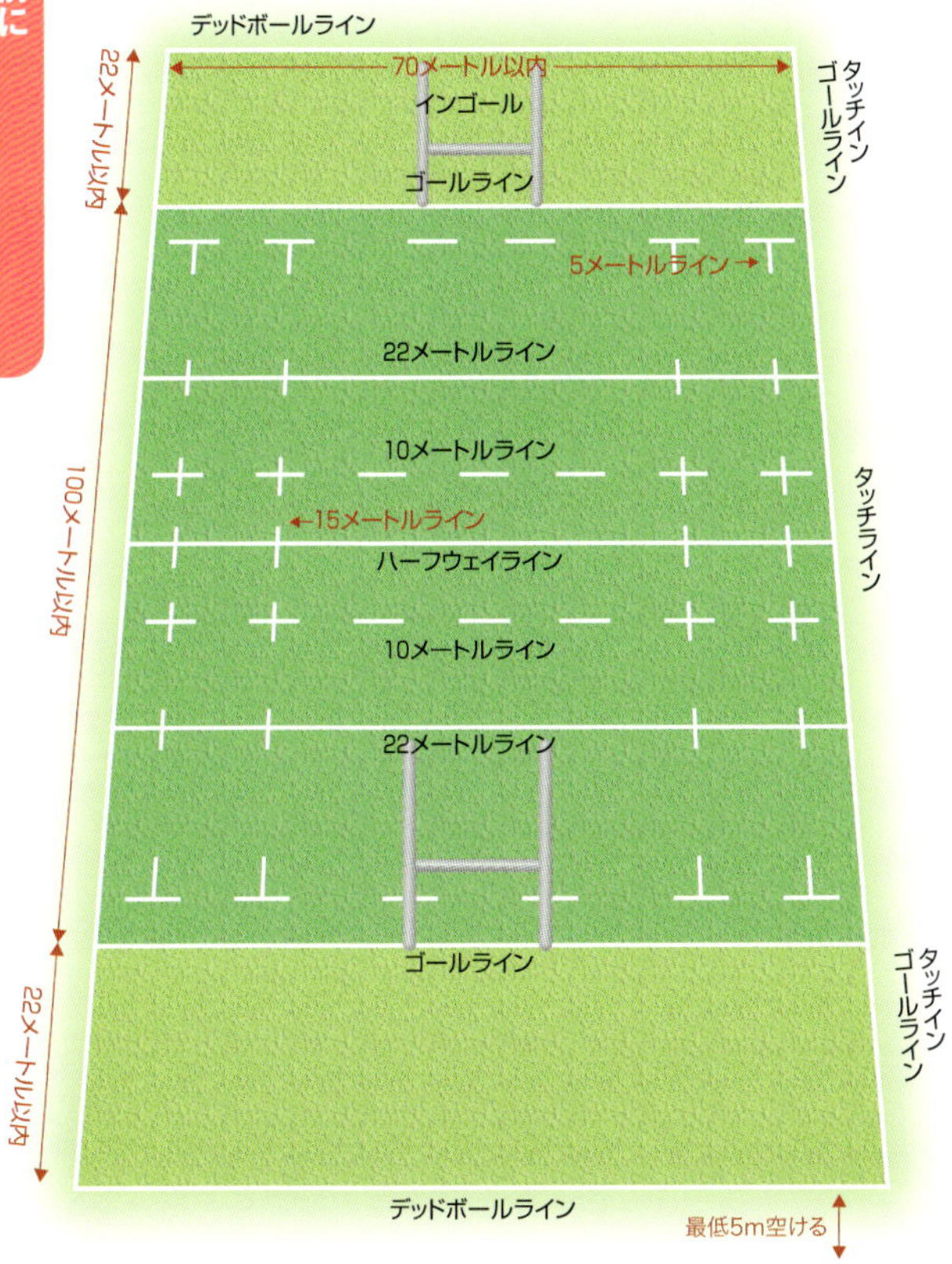
デッドボールライン
70メートル以内
インゴール
ゴールライン
タッチインゴールライン
22メートル以内
5メートルライン
22メートルライン
10メートルライン
15メートルライン
ハーフウェイライン
タッチライン
10メートルライン
100メートル以内
22メートルライン
ゴールライン
タッチインゴールライン
22メートル以内
デッドボールライン
最低5m空ける

フィールドオブプレーは長さ100メートル、幅70メートルを超えない

寸法

フィールドオブプレーは長さ100メートルを超えず、幅70メートルを超えない。両インゴールは、長さ22メートル、幅70メートルを超えない。なるべく上記寸法に近い長方形とし、ゴールラインとデッドボールラインとの距離は、少なくとも10メートル以上とるのが望ましい。

線

実線はデッドボールライン、ゴールライン、22メートルライン、ハーフウェイライン（以上はゴールラインと平行)、タッチインゴールライン、タッチライン。

破線

10メートルライン、5メートルライン、15メートルライン

線分

ゴールラインから5メートルの地点に、平行に6ヵ所（タッチラインから5メートル、15メートルの地点、およびそれぞれのゴールポストの前)、それぞれ1メートルの長さで引く。
タッチラインから15メートルの地点に、平行に2ヵ所。ゴールライン前5メートル線分からゴールラインへ、それぞれ5メートルの長さで引く。
ハーフウェイラインの中央には、0.5メートルの交差するラインを引く。

ゴールポストのクロスバーの寸法

ゴールポスト 間隔は5.6メートル。地面から3.4メートル以上。パッドを取り付ける場合、その外側がゴールラインから300ミリを超えてはならない。
クロスバー 地面から上端部まで高さ3メートルとなるよう、ゴールポストの間に設ける。

フラッグポスト

地面から1.4メートルの高さのものを14本設置する。うち8本はタッチインゴールラインとゴールラインの交点、タッチインゴールラインとデッドボールラインの交点に立てる。これらはインゴールにも、競技区域にも含まれない。それ以外の6本は、22メートルラインとハーフウェイラインに対向する、タッチラインの外2メートルの競技場内の地点に立てる。

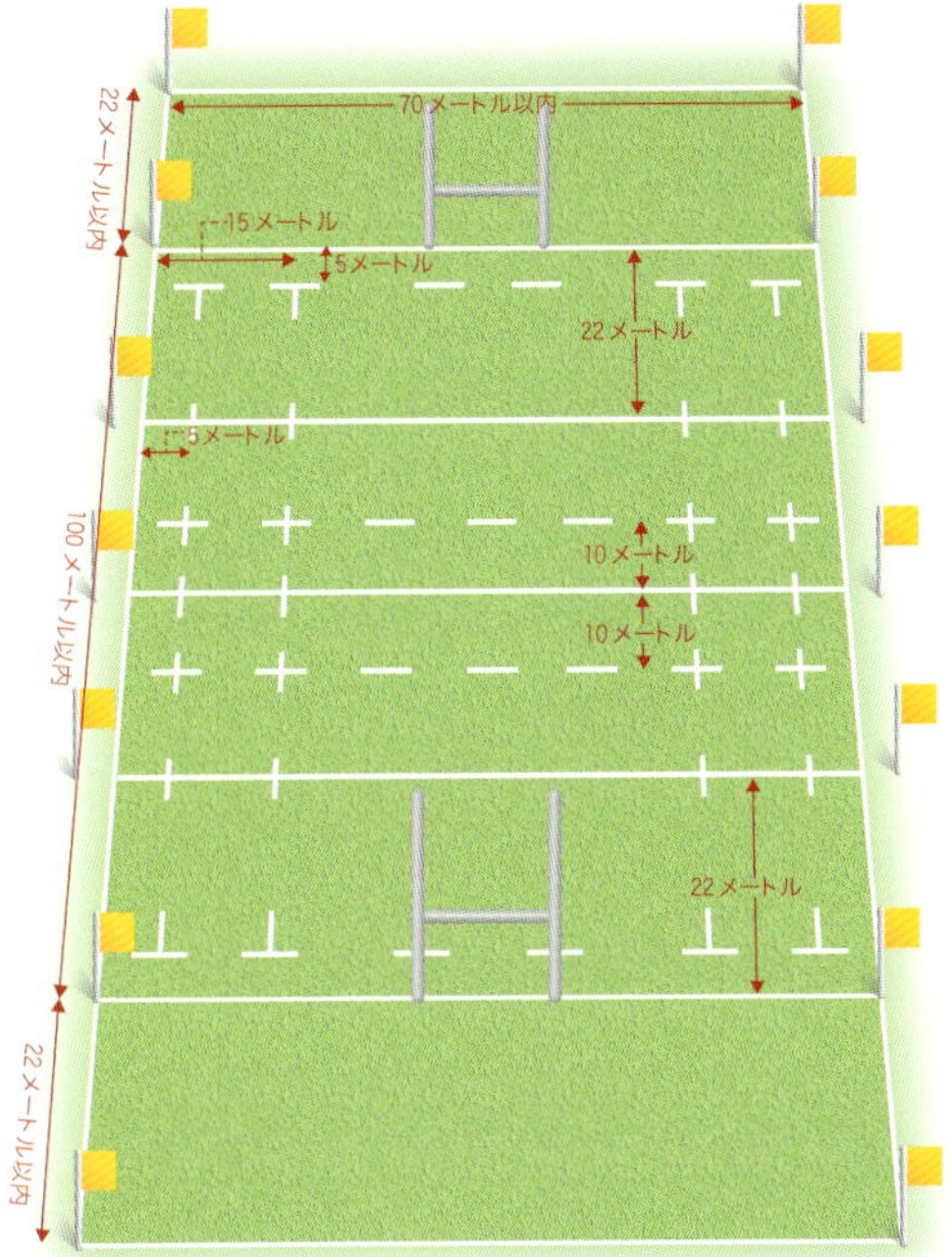
70メートル以内
22メートル以内
15メートル
5メートル
22メートル
5メートル
100メートル以内
10メートル
10メートル
22メートル
22メートル以内

1.4メートル

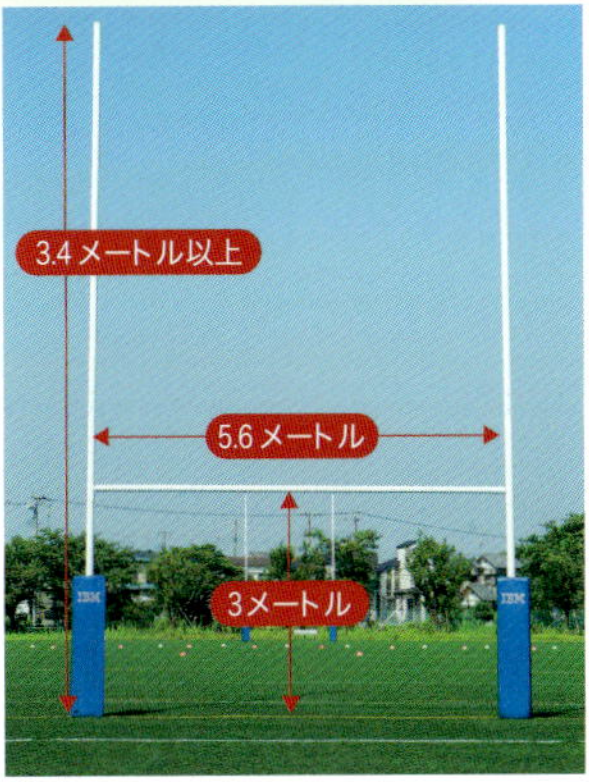
3.4メートル以上
5.6メートル
3メートル

ボール

長さ280～300ミリの楕円形4枚張りボールを使用

楕円形のボールはラグビーの象徴的な存在のひとつです。パスやキックなどを的確に行うには、高いスキルと熟練性が要求され、それらを持ち合わせたチームがゲームを優位に展開できます。

ボールの規定

形状

楕円形で、４枚張りでなければならない。

寸法

長さ 280～300ミリ、縦の周囲 740～770ミリ、横の周囲 580～620ミリ

材質

皮または類似の合成皮革。つかみやすいよう防水加工が施されていてもよい。

重さ

410～460グラム

試合開始時の内圧

65.71～68.75キロパスカル、または1c㎡あたり0.67～0.70キログラム(1平方インチあたり9.5～10ポンド)とする。

予備ボール

予備ボールは準備してよいが、使用や交換にあたっては、いずれのチームも不当な利益を得ることがあってはならない。

小型のボール

異なる寸法のボールを年少プレーヤーの試合に使用することができる。

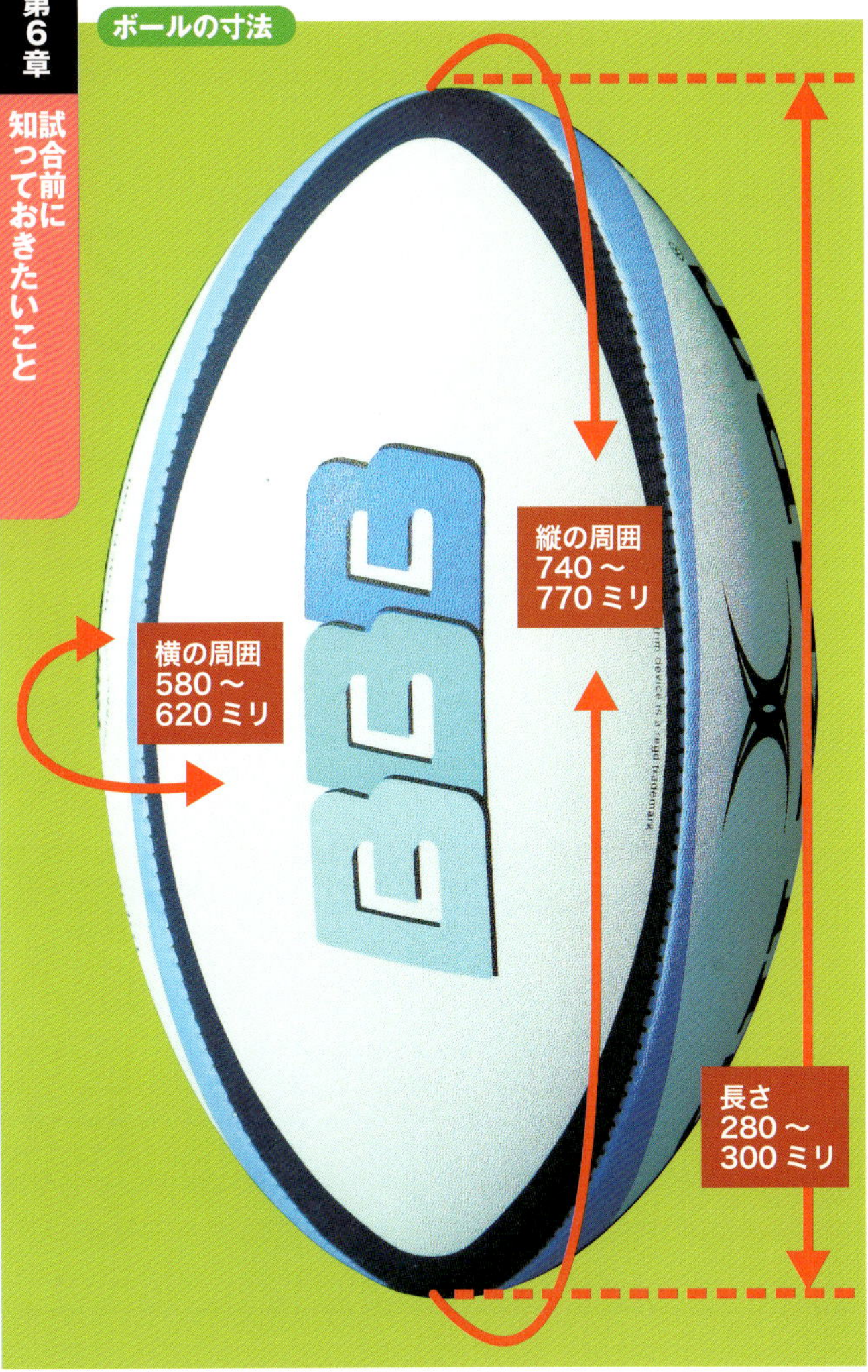
ボールの寸法
縦の周囲
740～
770ミリ
横の周囲
580～
620ミリ
長さ
280～
300ミリ

チームは15名+交替、入替えのプレーヤーによって構成される

チーム

試合を開始する15名のプレーヤーと、交替、入替えとして認められているプレーヤーからなる。

入替えのプレーヤー

戦術的理由で味方のプレーヤーと入替わるプレーヤー。

交替のプレーヤー

負傷した味方のプレーヤーと交替するプレーヤー。

プレーヤーの人数について

1 プレーヤーの最大人数

競技区域におけるプレーヤーの最大人数は、両チームとも15名を超えてはならない。

2 認められた人数以上のプレーヤーからなるチーム

いずれのチームも、相手側チームのプレーヤー数について、試合前、試合中に異議を申し立ててよい。レフリーは、プレーヤーの人数が多すぎると認められれば直ちに、当該チームのキャプテンに適切に人数を減らすように命ずる。

罰則 ▼次に試合の再開される地点で PK

3 15名未満のプレーヤーによる試合

協会は、1チームにつき15名より少ないプレーヤーによる試

指名人数が19～23名のときフロントローが6名必要なのは、フッカーおよびプロップの交替が必要とされるそれぞれの1回目の場合に、通常のコンテストスクラムで安全にプレーを続けるため。また、試合開始時のフロントローに代わるプレーヤーは適切に訓練され、かつ経験のある者であれば、試合開始時からのプレーヤーであっても、指名された交替／入替えのプレーヤーであってもよい

合を許可できる。この場合、スクラムにおいて常に1チームにつき、少なくとも5名のプレーヤーが参加しなければならない。（7人制試合は例外とする）

❹ 交替／入替えのプレーヤー

交替／入替えのプレーヤー数は8名以内とする。フロントローについては3名まで、その他のプレーヤーについては5名まで、入替えることができる。入替えは、ボールがデッドになったときに、レフリーの許可を得て行う。

❺ フロントローとして適切に訓練され、かつ経験のあるプレーヤー

指名するプレーヤーの人数には、次の表の数だけ、フロントローとして適切に訓練され、かつ経験のあるプレーヤーを含めなければならない。（上記参照）

指名人数	フロントローの人数
15名以下	3名
16～18名	4名
19～22名	5名
23名	6名

 ※PK＝ペナルティキック（▶P158）

プレーヤーが負傷した場合は交替してよい

医師や医務資格者の勧告の有無にかかわらず、レフリーがプレーを停止すべきと判断した場合には、レフリーは負傷したプレーヤーを競技区域外へ出すよう命じることができます。

結果的に負傷したプレーヤーが交替し、それが正式な交替と認められた場合には、負傷したプレーヤーは再びゲームに戻ることはできません。

プレーヤーの交替について

❶不正なプレーによる退場

不正なプレーにより退場させられたプレーヤーに対して、交替／入替えのプレーヤーを入れてはならない。（例外→P189⑫参照）

❷正式の交替（負傷者交替）

プレーヤーが負傷した場合は交替してよい。交替が正式な選手交替となった場合は、負傷したプレーヤーはゲームに戻れない。負傷交替は、ボールがデッドになったときにレフリーの許可を得て行わねばならない。

❸正式な選手交替の決定

一方が国の代表チームで行う試合では、医師の意見に基づき、負傷したプレーヤーがプレー続行不可能とされたとき初めて

交替できる。その他の試合では、協会が明確な許可を与えた場合に限り、医務心得者の勧告があった場合に、負傷したプレーヤーを交替してよい。医務心得者不在の場合は、レフリーの同意による。

④ 一時的交替(出血交替)

- 出血をおさめる、開いた傷口を覆う、またはその両方の処置を受けるため競技区域からプレーヤーが出たときには一時交替を認める。処置を受けたプレーヤーが15分以内に競技区域内に戻らない場合、正式な負傷交替となる。
- 一時交替したプレーヤーが負傷した場合は、さらに交替を認める。
- 一時交替したプレーヤーが退場となった場合、一時的に退出していたプレーヤーは競技区域に戻ってはならない。
- 交替したプレーヤーが10分間の一時的退出(シン・ビン→P34)を命じられた場合、一時的に退出していたプレーヤーはシン・ビンが終了するまで競技区域に戻れない。

退場等でフロントローがいなくなればノンコンテストスクラムとなる

退場、あるいは負傷が理由で、充分に適切な訓練を受けているフロントローのできるプレーヤーがいなくなった場合には、ノンコンテストスクラムにより続行されます。ノンコンテストスクラムでは、双方ともスクラムを押さず、ボール投入側が必ずボールを獲得します。

5 再度試合に戻ることを望むプレーヤー

- 出血しているプレーヤーは、競技区域から退出しなければならない。出血がおさまり傷口が覆われるまで戻ってはならない。
- 一時退場したプレーヤーは、レフリーから許可を受けるまで再び試合に加わってはならない。そのプレーヤーがレフリーの許可を得ずに再び試合に加わった場合で、この違反が味方を助け、または相手側を妨害すると認めたとき、レフリーは不行跡として罰を科す。

罰則▶次に競技が再開される予定地点で**PK**

6 入替わったプレーヤーが再度試合に加わること

入替わったプレーヤーは、たとえ負傷したプレーヤーの交替としても、以下の例外を除きその試合に再び加わることはできない。

▼例外1…傷口が開いたり出血しているプレーヤーとの交替
▼例外2…フロントローが負傷、あるいは一時的退出または退場となった場合

7 フロントローが退場もしくは一時退出、または負傷した場合

●フロントローの1人が退場を命じられたあと、または一時的退出を適用されている間に、当該チームの指名されたすべてのプレーヤーの中にフロントローがいなくなれば、ノンコンテストスクラムを命じる。交替するフロントローが適切かどうかは、チームの責任において判断する。

●レフリーは次のスクラムを与える際に、フロントローのために適切な訓練を受けている他のプレーヤーが競技区域内にいるかどうかを、当該チームのキャプテンに聞く。もし誰もいない場合、キャプテンはチームから1名を指名し、このプレーヤーと競技区域外のフロントローを入れ替える。

●一時的退出の時間が終了し、フロントローが競技区域内に戻るときは、交替していたフロントロープレーヤーは競技区域を去る。退出の間、競技区域を去っていたプレーヤーは、試合に戻りプレーを再開できる。

 ※PK＝ペナルティキック（▶P158）

15人が10種類のポジションに分かれる

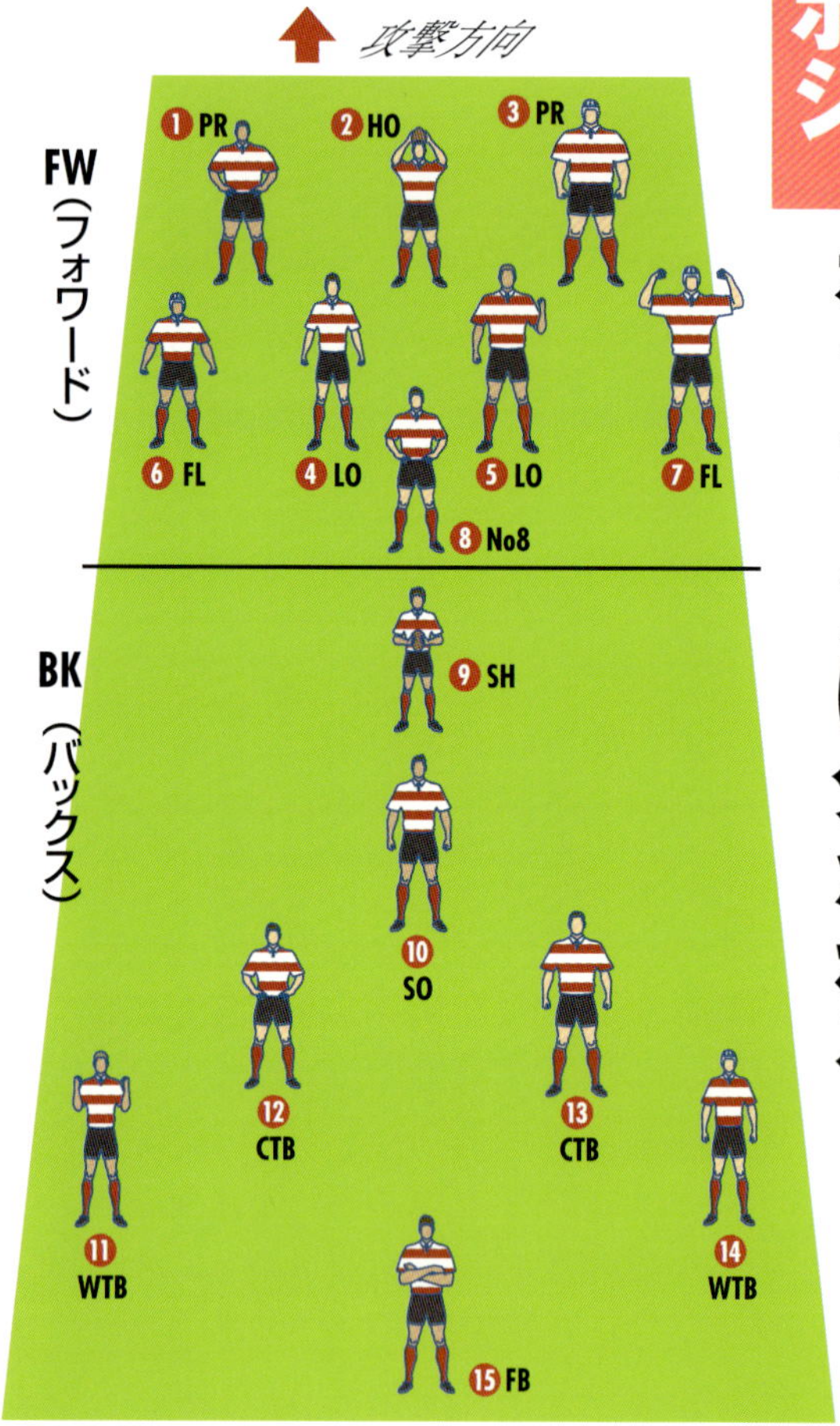

ポジションは8人のFW（フォワード）と7人のBK（バックス）に大別され、それぞれに5つ（フォワード＝プロップ、フッカー、ロック、フランカー、ナンバーエイト、バックス＝スクラムハーフ、スタンドオフ、センター、ウイング、フルバック）の種類がある。

フォワード／FW

❶、❸プロップ（PR）
プロップの意味は「支柱」。スクラムの最前列に位置し、スクラムを支える。1番をルースヘッド、3番をタイトヘッドとし、前者はおもに攻撃的な動きを、後者はどっしり支える役を担う。

❷フッカー（HO）
スクラム最前列の舵とり役。投入されたボールを足で掻き（フッキング）、後方に送る。ラインアウトではスローワーをつとめるケースが多い。

❹、❺ロック（LO）
スクラムの核となるポジションで、かつラインアウトやキックオフでボールをキャッチすることが多いプレーヤー。身長が高く体の大きな選手がつとめる。

❻、❼フランカー（FL）
最近は6番をブラインドサイド、7番をオープンサイドに固定することが多い。ブラインドサイドは大柄で突破力のある選手、機動力を求められるオープンサイドはスピードのある選手というパターン。いずれにしても、つねにボールの近くにいる豊富な運動量が要求される。

❽ナンバーエイト（NO8）
スクラムの最後尾をつとめる。攻守にわたって自在に動き回るユーティリティフォワードで、スピードとタフさが求められる。ハーフ団とのサインプレーもこなす。

バックス／BK

❾スクラムハーフ（SH）
スクラム、ラック、モール、ラインアウトなどから出たボールを素早くバックスに供給するのが仕事。自分で持って走ったり、パントを上げることも。パスセンスや俊敏性、状況判断力などが求められる。

❿スタンドオフ（SO）
ゲームをコントロールするチームの司令塔的な役割を担う。供給されたボールを左右に振ったりキックしたり、持って走ったりして攻撃を司る。広い視野、的確な判断力、パスやキックの正確性が必要。

⓫、⓮ウイング（WTB）
正確にはウイング・スリークォーター・バック。チームで最も足の速いプレーヤーが担当する。ラストパスを受けてトライするのが最も大きな仕事。スピードはもちろん、1対1の強さも大切。

⓬、⓭センター（CTB）
正確にはセンター・スリークォーター・バック。ハーフ団から受けたボールを少しでも前に運び、ポイントを作ったりトライする。当たりの強さが求められるとともに、着実な走力、パスセンスも重要なポジション。

⓯フルバック（FB）
チームの最後方に位置して、戦況を見守りながら指示を出し、プレーに参加する。相手のキックを体を張ってキャッチしたり、最後の砦となる。

定義された服装に追加を認められたものを着けてのプレーが可能

プレーヤーの服装に関する定義

「プレーヤーの服装」とは、プレーヤーが身につけるものすべて、ジャージ、パンツ、肌着類、ソックス、靴を指す。

追加着用を認めるもの

- **補助具**……弾力があるか、圧縮可能な材質の素材で作られた補助具。ただし、洗濯が可能なものに限る。
- **すね当て**……硬くない繊維でパッドの組み込まれたすね当て。パッドの厚さは圧縮状態で0.5センチを超えず、ソックスの中に着用されているものに限る。プラスチック等硬質のものは不可。
- **サポーター**……金属以外で作られた足首用サポーター。ソックスの中に着用されており、すねの3分の1の部分を超えてはならない。
- **手袋**……指先を切った手袋。指先に近い関節より先を覆ってはならない。また、手首を超えて覆ってもいけない。本体は滑り止め付き、伸縮性のあるもので、柔らかいゴムまたは合成素材でできたものに限る。どの部分にも、ボタンなど危険性を伴うものが含まれていてはならない。
- **肩当て**……柔らかく薄い材質でできた、肌着類あるいはジャージに組み込まれた肩当てで、肩と鎖骨のみを覆うもの。すべての部分において、圧縮されない状態での厚さが1センチを超えないこと。
- **口、および歯の保護具**……マウスガード、および歯を保護するもの。
- **ヘッドキャップ**……柔らかく薄い材質でできたヘッドキャップ。すべての部分において、圧縮されない状態での厚さが1センチを超えないこと。
- **包帯類**……傷を覆うための包帯、着用物。
- **テープ類**……傷を守る、もしくは防ぐための薄いテープやそれに類するもの。

右記項目に加え、女性用に追加着用を認めるものとして胸当てがある。柔らかく薄い材質で、衣類に組み込まれており、肩と鎖骨と胸のすべて、あるいはそれらの一部のみを覆うもの。すべての部分で圧縮されない状態での厚さが1センチを、密度が$45kg/m^3$を超えないこと

レフリーとタッチジャッジが試合前に服装、スタッドを点検

スタッドの正しい寸法

靴底からの高さ 21ミリ以下、先端尾の直径 10ミリ以上、付け根の直径（ワッシャー部分を除く）13ミリ以上、一体型ワッシャー直径 20ミリ以上

着用を禁止するもの

- ●血液のついたもの。
- ●鋭い形状のもの、表面がざらざらしたもの。
- ●規定で認められるもの以外の、バックル、クリップ、リング、ちょうつがい、ジッパー、ねじ、ボルト、硬い材質のもの、突起物を含むもの。
- ●指輪、イヤリングなどの宝飾品。
- ●指先まで覆う手袋。
- ●パットが縫い込まれたパンツ。
- ●本規定で特に認められているものを除き、すべての部分において、圧縮されない状態での厚さが0.5センチを超えるもの、あるいは密度が45kg/m^{3}を超えるもの。
- ●規則で認められていても、プレーヤーを負傷させる恐れがあるとレフリーが認めたもの。
- ●つま先にスタッドが1本しか取り付けられていない靴。
- ●いずれのプレーヤーも、身体または衣類に通信機器を装着してはならない。

プレーヤーの服装の点検

- ●服装とスタッドの点検は、試合主催者の指名を受けたレフリーとタッチジャッジによって行われる。
- ●レフリーは試合前、試合中に関わらずプレーヤーの服装の一部が危険、あるいは違反であると決定する権限をもつ。レフリーは当該プレーヤーに対し、それを外すことを命じなければならず、プレーヤーはそれを外すまで試合に参加してはならない。
- ●試合前の服装点検で禁止物の着用をプレーヤーに告げたにもかかわらず、当該プレーヤーが競技区域でまだそれを着用していた場合、不行跡で退場を科される。

罰則 ▶プレー再開の地点で **PK**

※**PK**＝ペナルティキック（▶P158）

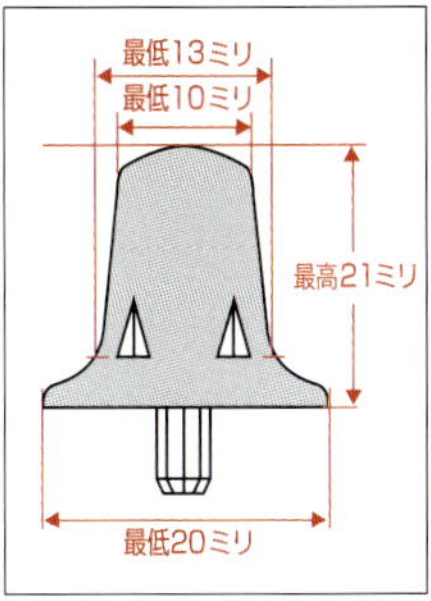

ジャージには基本的にファーストジャージとセカンドジャージがあり、対戦チーム同士のファーストジャージの色合いが似通っている場合、慣例としてホームチームがセカンドジャージを着用する。レフリーは、プレーヤーが着用物を取り替えるために競技区域を離れることを認めてはならない。

試合時間

最大80分を前後半に等分して行う

ラグビーの試合時間はトータル80分。これを40分ずつの前後半に分けて行い、その間に15分以内のハーフタイムが設けられます。ハーフタイムにはチーム、レフリー、タッチジャッジともに競技場を離れることが許されています。

40分間の前後半を終えればノーサイドを迎える

❶試合時間

試合は競技時間80分以内。その時間を前後半、等分にして行い、必要に応じてそれぞれ失われた時間を加算する。

❷ハーフタイム

ハーフタイムの休憩時間は15分以内（試合主催者、協会、または試合を管轄する機関が決定）で、ハーフタイム後、サイドを交換して試合を再開する。休憩時間はチーム、レフリー、タッチジャッジは競技場を離れることができる。

❸試合時間に対する責任

試合時間についてはレフリーが全責任を負う。タッチジャッジ、タイムキーパーに委任する際は、時間の停止や失われた時間について、レフリーが委任した者に合図をする。タイムキーパーがいない試合で、レフリーが正確な時刻を把握できなくなった場合はタッチジャッジに聞く。タッチジャッジの

報告が不十分である場合に限り、他の者に聞くことができる。

④失われた時間（ロスタイム）

次の場合に失われた時間が発生する。

プレーヤーが負傷したとき

●停止してよい時間は1分以内とする。競技区域またはタッチラインの外で処置が行われている間でも、レフリーはプレーを続けさせることができる。負傷がひどく、フィールドオブプレーから運び出すことが必要な場合は、独自の裁量でそのために要する時間を認めることができる。

プレーヤーの服装の変更が必要なとき

●プレーヤーの服装等に破損が生じた時は、ボールがデッドとなったタイミングでそれらを交換、修理する時間を与える。また、シューズのひもを結び直す時間も与える。

プレーヤーの交替と入替があるとき

不正なプレーに関するタッチジャッジからの報告があったとき

⑤失われた時間の延長

遅延が起こった前後半それぞれの中で行う。

ペナルティの笛では試合は終わらない

プレーヤーの負傷や交替、入替えなどにより失われた時間は、それが生じたハーフに追加されるため、実際には80分以上の試合時間となります。また、規定時間を過ぎてもプレーが継続中の場合、ボールがデッドになるまでノーサイドの笛は吹かれません。

気温が高いときは、レフリーの裁量で給水の時間が与えられることがある

❻延長時間

勝ち残り方式の大会で、制限時間内に引き分けとなった場合、主催者の承認を得たうえで延長戦を行うことができる。

❼その他、時間に関する規則

- 国代表同士の試合は、常に80分＋失われた時間で行う。
- 国代表の試合以外は、協会が競技時間を決める。
- 協会の指示がない場合は、両チームの競技で試合時間を決める。まとまらない場合は、レフリーが決める。
- レフリーは、いつでも試合を終了する権限をもつ。
- ボールがデッドになっていない、あるいはスクラムかラインアウトが与えられそれらが終了していないうちに試合時間が終了した場合は、次にボールがデッドになるまで競技を続行する。また、時間終了後、マーク、フリーキック、ペナルティキックが与えられた場合も競技を続行する。
- トライが得られた後に試合が終了しても、コンバージョン

キックの時間は与えられる。

●気温や湿度が非常に高いときは、レフリー独自の裁量で、前後半1回ずつの給水時間を許可できる。時間は1分以内で、失われた時間は前後半それぞれの中に追加する。中断は得点後、またはハーフウェイライン付近でボールデッドとなった場合に行うのが望ましい。

試合はマッチオフィシャルの采配によって行われる

試合は1名のレフリーと2名のタッチジャッジからなる「マッチオフィシャル」の采配によって行われます。他にレフリー・タッチジャッジの代理（第3タッチジャッジ）、タイムキーパー、マッチドクター、チームドクター、チーム役員、ボール係が「追加人員」に含まれます。

レフリー

【試合前】

❶レフリーの指名

試合主催者が指名。指名がない場合は、両チームが協議のうえ決定。協議がまとまらない場合はホームチームが指名する。

❷レフリーの交替

レフリーが職務を全うできなくなった場合に、試合主催者の指示に従いレフリーの代理が指名される。指示がない場合はレフリー自身が、それも不可能なときはホームチームが代理を指名する。

❸試合前のレフリーの義務

トス

一方のキャプテンが硬貨を投げ、他方のキャプテンが表裏を言う。トスの勝者はキックオフかサイドのいずれかを選択する。

マッチオフィシャルの代表的存在がレフリー。反則を裁くのではなく、ゲームをスムーズに進行させる役割を担う

プレーヤーはレフリーの権限を尊重しその決定に反論してはならない

競技におけるレフリーの権限は絶対的なものであり、プレーヤーはその権限を尊重し、決定に対して反論してはなりません。しかし、レフリーはその権限を乱用してはならず、よどみなくゲームが運ぶように全力を尽くさねばなりません。

レフリーはその判定において、ときに厳しく、ときに柔軟性を発揮してゲームの進行を助ける

1【試合中】競技場内でのレフリーの職務

- レフリーは、試合中において唯一の事実の判定者であり、競技規則の判定者である。
- あらゆる試合において、すべての競技規則を公平に適用しなければならない。
- 競技時間に全責任を全うする。
- 得点に全責任を有する。
- プレーヤーが競技区域から退出する許可を与える。
- 交替および入替えプレーヤーが競技区域に入る許可を与える。
- 規則に従い、チームドクター、医務心得者、またはその助手が競技区域内に入る許可を与える。
- ハーフタイムに双方のコーチが競技区域内に入り、チームにつく許可を与える。

❷レフリーの決定に対するプレーヤーの反論

●すべてのプレーヤーは、レフリーの権限を尊重し、レフリーの決定に対して反論してはならない。キックオフを除き、プレーヤーは、レフリーが笛を吹いた場合、直ちにプレーを停止しなければならない。

罰則▶反則地点または競技が再開される予定地点でPK

❸レフリーによる決定の変更

●タッチジャッジがタッチ、あるいは不正なプレーがあったことを示唆する意味で旗を上げた場合には、決定を変更できる。

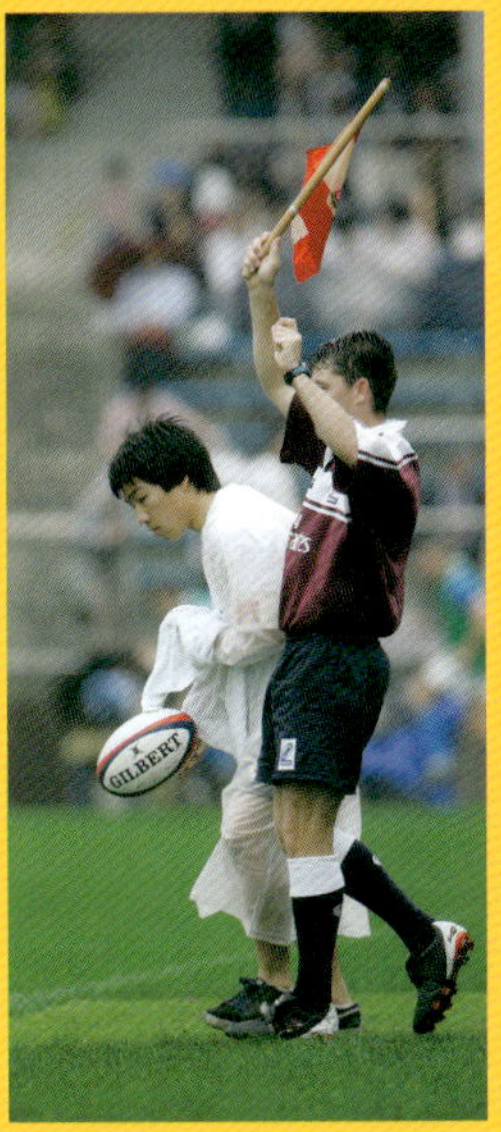

※PK＝ペナルティキック（▶P158）

マッチオフィシャル

レフリーにはいつでも笛を吹いて試合を止める権限がある

プレーの続行を危険と認めたとき、レフリーは笛を吹かなければなりません。この中には、スクラムが崩れる、フロントローが宙に浮かされる、もしくはスクラムから上方に押し出される、またはプレーヤーが重大な負傷を負ったと認められる場合が含まれます。

競技規則に従ってプレーを停止するとき、レフリーは笛を吹かなければならない

【試合中】

❹意見を求めること

●レフリーは、その職務に属する事項、不正なプレー、または計時に関連する事項について、タッチジャッジに意見を求めることができる。

●試合主催者は、機器を使用する係を指名できる。以下の場合、レフリー、またはタッチジャッジは、この係に意見を求めることができる。

▼インゴール内でトライ、またはタッチダウンの判定が難しい場合(不正なプレーの疑いがある場合を含む)。

▼ゴールキックの成否の判定に関して。

▼プレーヤーがトライの目的でグラウンディングしようとした際、タッチに出たかどうか。

▼トライしそうな状況でタッチインゴールになり、ボールがデッドとなったかどうかの判定が難しい場合。

●試合主催者は、各ハーフの試合時間の終了を合図するタイ

ムキーパーを指名できる。

●レフリーは、前記の認められた項目以外は、誰の意見も求めてはならない。

5 レフリーの笛

●レフリーは笛を所持し、試合の前後半の開始と終了に笛を吹かなければならない。

●レフリーには、いつでも笛を吹いて試合を止める権限がある。

●レフリーは、得点またはタッチダウンを示すときに笛を吹かなければならない。

●反則、または不正なプレーによるプレーの停止を指示するときに笛を吹かなければならない。反則したプレーヤーに退場または、警告を与えた場合には、その後にペナルティトライ、またはペナルティキックを与えるときに再び笛を吹かなければならない。

●ボールが競技外、プレーできなくなった(アンプレアブル)、ペナルティを与えるときに笛を吹かなければならない。

●ボールまたはボールキャリアがレフリーに触れ、いずれかのチームが利益を受けた場合には笛を吹かなければならない。

プレーヤーの負傷で試合を停止した場合スクラムによってプレーを再開する

ラグビーではプレーヤーの負傷によってゲームが中断することがあります。このとき、レフリーは速やかに笛を吹いてゲームを止め、適切な処置を施さねばなりません。その場合ゲームは、最後にボールを保持していたチームのスクラムによって再開します。

ボールやボールキャリアがレフリーに触れても、双方のチームに不利益がなければプレーを続行する

【試合中】

6 レフリーと負傷

- プレーヤーが負傷し、プレーの続行が危険と認められたとき、レフリーは直ちに笛を吹かなければならない。
- 反則やボールデッドによらず、プレーヤーの負傷によってプレーを停止した場合、レフリーはスクラムによってプレーを再開する。この場合、最後にボールを保持していたチームがボールを入れる。どちらもボールを保持していなかったときは攻撃側（相手陣にいる側）が入れる。
- いかなる理由にせよ、プレーの続行を危険と認めたとき、レフリーは笛を吹かなければならない。

7 ボールがレフリーに触れた場合

- ボールまたはボールキャリアがレフリーに触れ、双方いずれの側も利益を得なかった場合にはプレーを続行する。
- フィールドオブプレーにおいて、いずれかのチームが利益

を得た場合には、レフリーはスクラムを命じ、最後にボールをプレーした側がボールを入れる。

⑧インゴールでボールがプレーヤー以外の人に触れた場合

●触れなかった場合の次のプレーを予測、判断し、その触れた地点でトライまたはタッチダウンを与える。

【試合後】

①得点

●レフリーは、得点結果を両チームと試合主催者に報告する。

②プレーヤーの退場

●プレーヤーの退場があった場合、レフリーは不正なプレーに関し、試合主催者に文書で速やかに報告する。

タッチジャッジ

試合には2名のタッチジャッジをおく

タッチジャッジはボールがタッチとなったか否か、およびタッチとなった場合の位置、そしてコンバージョンキックやペナルティゴールで蹴ったボールが2本のポストの間を通ってバーを越えたかを見極めるのがおもな仕事となります。新ルール

ゴールの判定は、2名のタッチジャッジが、それぞれ2つのゴールポストの後方に立って行う

タッチジャッジ(アシスタントレフリー)

❶タッチジャッジの指名

すべての試合には2名のタッチジャッジをおく。主催者による指名がない場合には、両チームから1名ずつ出す。

❷タッチジャッジの交替

主催者はレフリーおよびタッチジャッジの代理となる者を指名できる。この第3タッチジャッジは競技区域の周辺区域に位置する。

❸タッチジャッジの指揮

タッチジャッジはレフリーの指揮下にある。レフリーはタッチジャッジの職務について指示でき、その決定を覆すこともできる。また、レフリーは不適当と認めたタッチジャッジを交替させることができ、不行跡を犯したと認めたタッチジャッジを退場させる権限がある。

※新ルール▶P246-247

【試合中】

①タッチジャッジのとるべき位置

●グラウンドの両側に1名ずつ位置。ゴールキックの判定の場合を除き、タッチにとどまる。ゴールキックの判定を行う場合には、ゴールポストの後方に立つ。

●危険なプレー、あるいは不行跡のあったことをレフリーに報告するときは、競技区域内に入ってもよい。ただし、次にプレーが停止した時点に限る。

タッチジャッジ

タッチや反則の合図は旗やそれに類するものによって示す

2名のタッチジャッジはそれぞれが1本の旗をもってゲームに臨みます。ゴールが成功したときは片方の手で旗を真上に上げます。また、タッチとなったときには片手で上げ、もう一方の手でボールを投げ入れる権利のあるチームを指します。

【試合中】

②タッチジャッジの合図

●タッチジャッジは、それぞれの決定を示すための旗、またはそれに類するものを持つ。

ゴールキックの結果に関する合図

●コンバージョンキック、またはペナルティキックによるゴールキックが行われる場合、その結果を合図してレフリーを補佐する。タッチジャッジは、それぞれゴールポストの下および後方に立ち、ボールがクロスバーを越え、ゴールポストの間を通過したときに、旗を上げゴール成功を合図する。

タッチの合図

●ボールまたはボールキャリアがタッチに入った場合には、旗を上げなければならない。その際、ボールを投げ入れる地点に立ち、投げ入れる権利があるチームの方を示す。ボールまたはボールキャリアがタッチインゴールに入った場

ゴール成功の合図
ゴールキックがクロスバーを越え、ゴールポストの間を通過した時に旗を上げる
タッチの合図
ボールを投げ入れる地点に立ち、旗を持たない手で投げ入れる側を示す

合にも合図しなければならない。

旗を下げる場合

●ボールが投入されたら旗を下ろさなければならない。ただし、次の場合は旗を上げ続けなければならない。

▼**例外1**…ボールを投入するプレーヤーが、足のどの部分でもフィールドオブプレーに踏み入れた場合。

▼**例外2**…ボールが投げ入れるべきチームによって投入されなかった場合。

▼**例外3**…クイックスローイン（P122）に際し、タッチに出たボールが別のボールに変更された場合、あるいはタッチに出てボールがデッドとなったあとに、ボールを投げ入れるプレーヤー以外の者がボールに触れた場合。

●ボールが正しい地点から投げ入れられたか否かを決定するのは、タッチジャッジではなくレフリーである。

タッチジャッジ

レフリーへの報告はプレーが停止してから行う

アシスタントレフリーには、不正なプレーがあった場合にレフリーに合図する権限が与えられます。ゲーム中、このような事例に遭遇した場合、次にプレーが停止するまで本来の職務を行い、プレー停止後にレフリーに報告します。

【試合中】新ルール

❸不正なプレーの指摘（アシスタントレフリーのみ）

●危険なプレー、あるいは不行跡があったことをレフリーに合図するため、旗を水平に、か

※新ルール▶P246−247

追加人員
第３タッチジャッジ
第３タッチジャッジが指名されている場合、レフリーはプレーヤーの交替および入替えに関する権限を、第３タッチジャッジに委譲できる。
競技区域に入ってもよい者
マッチドクターおよびチームのプレーヤー以外の者は、レフリーが認めた場合に限り競技区域に入ってもよい。
競技区域に入ることに対する制限
負傷の場合、これら追加人員は、プレーが継続中でも、競技区域に入ってもよい。ただし、レフリーが認めた場合に限る。負傷以外では、ボールがデッドのときに限る。

つタッチラインと直角にフィールドに向かって上げる。

④不正なプレーを合図したあと

●レフリーに対して合図する場合、次にプレーが停止するまでタッチにあって、この件以外の職務を果たす。その後プレーが停止したときに、競技区域内に入りレフリーにその反則を報告できる。これに対しレフリーは、必要と判断するどのような措置をとってもよい。これによる罰は、不正なプレーに関する競技規則（P30～47）を適用する。

【試合後】

①プレーヤーの退場

●アシスタントレフリーの合図により、プレーヤーの退場があった場合、その件に関する報告を、試合後レフリーに、文書で速やかに行い、試合主催者にも提出する。

フリーキック

タッチラインと平行に立ち、ヒジを直角に曲げて反則しなかった側を示す

ペナルティキック

タッチラインと平行に立ち、手をあげて、反則しなかった側を示す

アドバンテージ

一方の腕を肩の高さに伸ばし、反則のなかった側を示す

トライ、ペナルティトライ

デッドボールラインを背に、ゴールラインと平行に立ち、一方の手を垂直にあげる

スローフォワード

ボールを前方にパスするようなジェスチャーで示す

スクラム

頭の上で両手の指先をつけ、腕を水平にあげてボールを入れる側を示す

ノットリリースザボール

両ヒジを胸に近づけ、ボールを抱え込むようなジェスチャーをする

ノックオン

手のひらを広げ、頭上で腕を前後に振る

オーバーザ・トップ

反則した者が倒れ込んだ方向に向かって、腕で倒れ込んだジェスチャーをする

ノットロールアウェイ

タックラーあるいはタックルされたプレーヤーに向かい指と腕を回す

モールアンプレアブル

モール開始時にボールを保持していなかった側に腕をあげ、もう一方の腕を合わせる

アンプレアブル

ボールを投入する側を示した後に、もう一方の側のゴールラインを指し、前後に動かす

コラプシング

両手で相手を掴むような形を作った後、ひねり倒すようなジェスチャーを作る

オフサイド

ラック、モールへの横からの参加。腕と手を水平にして入った方向を示す

スクラムホイール

90度以上。頭上で人さし指を立て、指先をくるくる回す

スクラムコラプシング

フロントローが相手を引き倒す行為。片手を握ってヒジを曲げ、引き倒すジェスチャーをする

オフサイド

ラインアウトにおけるオフサイド。腕を胸の前にクロスさせて反則した側を示す

ノットストレート

ラインアウトにおけるノットストレート。顔の前に腕を曲げて上げ、真っすぐ入らなかったことを示す

オフサイド

スクラム、ラック、モールにおけるオフサイド。タッチラインと平行に立ち、腕を垂直に下ろした後、オフサイドラインに沿って振る

オブストラクション

一般のプレーでのオブストラクション。両腕を胸の前でクロスさせる

ノット10メートル

10メートル規則によるオフサイド、あるいはペナルティキック、フリーキックにおけるノット10メートル。頭上で両手のひらを開く

キックオフサイド

ペナルティキックかスクラムかの選択。一方の腕でペナルティキックを示し、一方でスクラムのポイントを示す

平林泰三（ひらばやしたいぞう）
1975年4月24日生まれ。19歳でC級取得（宮崎県協会）、21歳でB級取得（九州協会）、同年にクイーンズランド州公認資格も取得、99年に帰国してからは関東協会に所属。28歳で日本協会A1級に公認される。2006年、アジア人として初めてIRB公認レフリーとなる。

ドロップアウト

22メートルラインの中央を指し示す

索引

ア行

アドバンテージ
Advantage　P22
アンプレアブル
Unplayable　P76
イエローカード
Yellow Card　P46
一時的退出
Temporarily Suspended　P34
入替え
Substitutes　P184
インゴール
In-goal　P168～175
オフサイドライン
Off-side Line　P48～59
一般のプレーにおけるオフサイド
Off-side in Open Play　P48～59
オンサイド
On-side　P48

カ行

危険なプレー
Dangerous Play　P36～47
キックオフ
Kick-off　P66～71
競技区域
Playing Area　P178～181
競技時間
Playing Time　P196
競技場
Playing Enclosure　P178～181
グラウンディング
Grounding the Ball　P168～171
交替
Replacements　P184
ゴールライン
Goal-line　P178～181
コンバージョンキック
Conversion Kick　P26～29

サ行

シン・ビン
Sin Bin P34

スクラム
Scrum P142～157

スクラムハーフ
Scrum Half P190

スローフォワード
Throw - forward P60～63

タ行

タックル
Tackle P80～91

タッチ
Touch P116～123

タッチインゴールライン
Touch - In - Goal Line P178

タッチジャッジ
Touch Judge P208～213

タッチダウン
Touch Down P172

タッチライン
Touch - line P178

デッド
Dead P174

デッドボールライン
Dead Ball Line P178

10メートル規則によるオフサイド
Off - side the 10 Metre Law P56

投入
Throw - in P152

ドロップアウト
Drop Out 72～75

ドロップキック
Drop Kick P72

ドロップゴール
Dropped Goal P25

トライ
Try P24

ナ行

22メートル区域
The 22 P178

ノックオン
Knock-on P60〜63

ハ行

バインディング
Binding P148
ハーフタイム
Half Time P196
反則を繰り返すこと
Repeated Infringements P134
ピールオフ
Peeling Off P134
フィールドオブプレー
Field-of-Play P180
不正なプレー
Foul Play P30〜35
フッカー
Hooker P190
プッシュオーバートライ
Pushover Try P170
フランカー
Flanker P190
フリーキック
Free Kick P158〜165
プレースキック
Place Kick P158〜165
プレーサー
Placer P161
プロップ
Prop P190
フロントロー
Front Row Players P184
ペナルティキック
Penalty Kick P158〜165
ペナルティゴール
Penalty Goal P25
ペナルティトライ
Penalty Try P24
妨害
Obstruction P30

マ行

マーク
Mark P112

モール
Maul P100〜111

ラ行

ラインアウト
Line-out P124〜141
ラインオブタッチ
Line-of-touch P132
ラック
Ruck P92〜99
レシーバー
Receiver P126
レッドカード
Red card P46
レフリー
Referee P200〜207

■監修

財団法人日本ラグビーフットボール協会

1926年（大正15年）、日本ラグビー蹴球協会として創立。
高校・大学・トップリーグを総括し、主催大会の運営を行うなど、
日本のラグビー競技の普及に努めている。

●協力
真下　昇
宮原英臣
李淳馹
平林泰三
●撮影モデル
日本IBMラグビーフットボールクラブ

■取材協力

一般社団法人ラグビー・レフリー・リサーチ・センター（3RC）

国際水準でのレフリー育成・技術向上と、レフリーやチームに対してルールやレフリングの最新情報を提供するために設立された。

3RC
RUGBY REFREE
RESEARCH CENTRE

わかりやすい

ラグビーのルール

新ルール＆新条項

CONTENTS

危険なプレーやタックル直後のプレーが明確化された

倒れたままタックルをしてはいけない

タックルは、危険なプレーと、タックルが起こった地点での「タックラー」と「その他のプレーヤー」の明確化に関するルールが新しくなりました。

特に危険なプレーは、頭や首に腕を巻きつけたりする「ハイタックル」や、上半身から相手を地面に落とす「スピアタックル」に関する新条文が追加されました。

そして、倒れたままタックルをしてはいけない、ラッキングの再確認、タックラーは立ち上がればその場でプレーできる、立っているその他のプレーヤーは相手側プレーヤーを離すといったことが、明記されました。

ハイタックルは結果次第で×

正しい姿勢でタックルに入った場合は問題ないが、その後結果的に相手の肩の線より上に腕が巻きついた場合、タックラーの意図によらず危険なタックルになり、ペナルティになる。

相手の肩の線より下から入っていれば、正しいタックル

その後、相手の首に腕を巻きつけたりすると結果的に危険なタックルになる

“スピアタックル”は危険なプレーに追加

相手にタックルしようと、足を狙いに行っている

相手の足が宙に浮いているが、この時点では反則ではない

相手の上半身から地面に落としてしまったので、反則になる

条文にはこれまでなかったが、相手の両足を持ち上げたあと、頭または上半身から地面に接触するように落としたり、力を加えたりする、いわゆる“スピアタックル”は危険なプレーに追加された。

スピアではなく“かちあげ”タックルはOK

足を宙に浮かせるように相手をかちあげた

かちあげたあと、そのまま倒れたので反則にならない

相手の両足をただ宙に浮かせただけでは反則にならない。また、宙に浮かせたあと、下半身が地面に接触するなど、そのまま倒れた場合は反則にならない。

倒れたままのタックルは禁止

1人目のプレーヤーをタックルして、横になった

タックルのあと、立ち上がる前に他のプレーヤーが接近してきた

立ち上がっていないのに、横になったままタックルをしたので反則

タックルをしたときなどに、地面に横になったプレーヤーは、地面に倒れたまま相手側プレーヤーをタックルしたり、タックルしようとしてはならない。これまではあいまいだったが、倒れているプレーヤーのタックルは明確に禁止になった。

地面に横たわっているプレーヤーを故意にラッキングしてはいけない

ラッキングは、本来ラックの中のボールを、足を使って扱うプレーである。たとえ相手タックラーがボールのそばに倒れていても、地面に横たわっているプレーヤーを故意にラッキングしてはならない。

相手タックラーがそばに倒れているからといって、そのプレーヤーを故意に踏んではいけない

タックラーは立ち上がればプレーできる

ボールキャリアーの相手プレーヤーを倒しにいった

相手プレーヤーを地面に倒したので、タックルが成立した

タックラーがその場で立ち上がった

立ち上がったあとなので、その場でボールをプレーできる

タックルが成立したら、タックラーとなったプレーヤーは立ち上がったあと、その場でどの方向からボールをプレーしても構わない。立ち上がったタックラーに対しては、「オフザゲート」の反則は適用されないということになる。

タックル時、立っているプレーヤーはボールとボールキャリアーを離す

味方が相手側プレーヤーをタックルしたとき、立ったままでいるプレーヤーは、ボールとボールキャリアーを離し、改めて自陣側からプレーしなければならない。もし、その場でプレーをすれば「オフザゲート」の反則が適用される。

ボールやボールキャリアーを放し、改めて自陣側からプレーすれば反則にならない

複数でボールキャリアーの相手側プレーヤーを倒しにいっている

味方のAが相手側プレーヤーの足を持った。Bも相手をつかんでいる

Aのタックルが成立したのに、立ったままのBがボールを放さないので「オフザゲート」の反則になる

モールの「開始」と「終了」が明確になった

故意に離れてもモールは継続する

モールについては「発生」という条文の言葉自体が「開始」に変更になりました。そのため、一方のプレーヤー全員が故意にいなくなっても、モールは継続していることになります。オフサイドラインも解消されません。

故意ではなくディフェンス側がモールから離れたり、ボールキャリアー側がちぎれたら、その時点でモールの「終了」になります。

終了後も攻撃側が前進を続け、ディフェンス側のプレーを妨害した場合、オブストラクションの反則になります。

モールの「開始」と「終了」が明確化された

モールの形成に関して、「発生」ではなく、「ボールキャリアー側2名と相手側1名の最低3名から開始する」と、言葉自体が変更になった。

最低3名というモールの条件が解消されても、「終了＝オフサイドラインの解消」にはならない。一方のプレーヤー全員が“故意”にモールを離れても、モールは継続する。

“故意”にモールを離れても、モールは継続する

ボールを保持していないチームのオフサイドラインは、モールでボールを保持しているチームの最前列の足を通る線。そのため、“故意”に離れた相手と、ボールをキープしたチームの先頭のプレーヤーが当たってもオブストラクションにはならない。また、“故意”に離れた相手プレーヤーが正しくプレーに参加するためには、ボールを保持しているチームの最前列のプレーヤーにバインドする必要がある。

モールが「開始」されたあと、ディフェンス側が“故意”に離れてもモールは継続

モール継続中のため、ボールを持っていないプレーヤーが相手に当たってもオブストラクションにならない

モール継続中はオフサイドラインもなくならない。そのため、横からボールに働きかけるとオフサイドとなる

モール終了後、攻撃側が相手プレーヤーを妨害すると反則になる

ディフェンス側プレーヤーが故意でなく離される、またはボールキャリアー側がちぎれて相手が誰もいなくなった場合にモールは終了する。その後、攻撃側が継続して前進を続け、相手のプレーを妨害したらオブストラクションとみなされる。故意ではなく偶然当たった場合は、アクシデンタルオフサイドとなる。

終了後も攻撃側が相手プレーヤーを妨害した場合、反則になる

故意ではなくモールが終了した

モールが継続している状態

ダイレクトタッチに関するルールを本格的に採用

ラインをまたいだプレーヤーのボールの処理も明記された

タッチラインなど、各ラインをまたいだプレーヤーがボールを拾う場合、次のようになります。

動いているボールを拾い上げたら、ラインの外に「相手がボールを入れた」ことになり、止まっているボールを拾い上げたら、ラインの外に「自らボールを持ち込んだ」ことになります。

また、22メートルライン内にボールを入れたあとにダイレクトタッチに関するルールも本格的に採用されています。

コーナーポストは単なる目印

これまでコーナーポストはタッチインゴールの一部とみなされていたが、単なる目印になった。そのため、ボールまたはボールキャリアーがコーナーポストに触れてもプレーは続く。ただし、ポストが刺さっている部分にグラウンディングした場合、つまりポストと同時にグラウンディングされた場合は、ボールデッドとなる。

コーナーポストにボールが触れただけでは笛はならない。その後、外側に出ればダッチ、内側に戻ればプレーオンになる

ポストと地面に同時に触れた場合はタッチインゴールに触れたことになる

トライしようとする際、先にカラダ（またはボール）がコーナーポストに触れても、トライは認められる

ラインをまたいだプレーヤーがボールを処理した場合

タッチライン（またはタッチインゴールライン）、22メートルライン、ゴールライン、デッドボールラインの各ラインをまたいだ（または踏んだ）プレーヤーが、その手前にあるボールを処理した場合、次のようになる。

・動いているボールを拾い上げた→ラインの外に「相手がボールを入れた（出した）」

・止まっているボールを拾い上げた→ラインの外に「自らボールを持ち込んだ（出した）」

ただし、タッチラインをまたいだプレーヤーが、中で動いているボールをタップすることは可能だが、ノックオンをすれば、相手ボールのスクラムとなる。

タッチラインをまたいだプレーヤーが中で動いているボールを拾えば、相手がボールを出したことになり、マイボールラインアウトになる

タッチラインをまたいだプレーヤーが、中で止まっているボールを拾った場合は、自分がボールを出したことになり、相手ボールラインアウトになる

タッチラインをまたいだプレーヤーが、中にあるボールをノックオンした場合は、ノックオンになり、相手ボールスクラムになる

22メートルライン内にチーム(自分)がボールを「入れた」場合

ボールを自陣22メートルライン内に戻したあと、直接タッチとなった場合は、「ダイレクトタッチ」として、ラインアウトは蹴った地点に戻されることになる。この「戻す」行為は、その意図に関わらず、ボールに触れたあとに結果的に「入れて」しまった場合も含まれる。

22メートルラインの外からパスで戻す

最後にボールに触れた場合

自分でボールを持ち込む

スクラムやラインアウト時に22メートルラインに押し込まれた場合も「入れた」ことになる

マイボールのスクラムが22メートル内に押し戻されたり、ラインアウトからボールがノックバックされた場合もボールを「入れた」とみなされる。なお、スクラムやラインアウトのボールのあった地点は、それぞれレフリーが示したポイントとなる。

22メートルラインより手前でボールが投入される

最初のポイントを起点にして、押し込まれた場合、ボールを自ら「入れた」とみなされる

ボールを自陣22メートルライン内に戻してしまっても3つのプレーの内1つでも起きれば条件が解消される

ボールを自陣22メートルライン内に戻したあとでも、次の3つの内の1つでも起きれば、条件が解消される。その後、直接タッチとなった場合は、「ダイレクトタッチ」とならず、ラインアウトはボールがタッチとなった地点となる。

ラックもしくはモールが成立する

タックルが成立する

ボールに相手プレーヤーが触れる

相手がボールを入れた場合、ダイレクトタッチにならない

自陣22メートルライン内に相手がボールを入れた場合、従来通りの「ダイレクトタッチ」とはならない。ただし、その意図によらず、最後にどちらがボールに触ったかによる。

相手がキックで入れた場合

相手がチャージで入れた場合

クイックスローイン

後方へのクイックスローインが正式に認められた

ミスをすると相手がスクラムかラインアウトを選択する

クイックスローインの際、後方への投入が可能になりました。相手側のゴールラインの方向にボールを投げた場合、ラインオブタッチから5メートル以上投げ入れなかった場合、ボールを投げるときフィールドオブプレーに足を踏み入れた場合はミスになり、相手がスクラムまたはラインアウトを選択します。

また、相手が5メートルライン以内に立ち、スローインを阻止しようとした場合は、相手の反則となり、15メートルライン上でＦＫになります。

相手は投入を阻止してはいけない

クイックスローインを行おうとしている

5メートルライン以内に立ち、阻止しようとしているので、相手の反則になる

前方へ投入してはいけない

味方が走りこんでくるところへ投入したが、
前方へ投げ入れてしまったので、ミスになる

5メートルに届いていない

ボールを投げ入れたが、5メートルに届かない
位置に投げてしまったので、ミスになる

足を踏み入れて投げてはいけない

ボールを投げ入れたとき、フィールドオブプレーに
足を踏み入れてしまったので、ミスになる

ライン
アウト

レシーバーやスローワーの"トイメン"の位置が決められた

リフティングとプレグリップも本格的に採用された

ラインアウトに関しては、まずレシーバーとスローワーの"トイメン"の立つべき場所と義務が明確化されました。

そして、ラインアウト内でのポジションは、ボールが投入される前であれば、ラインアウトに参加するプレーヤーの位置を入れ替えられることが確認されました。

また、ラインアウトジャンパーに対するリフティングとプレグリップが認められ、本格的に採用されました。

リフティング&プレグリップが認められた

ラインアウトジャンパーに対するリフティングとプレグリップが認められたが、前後のプレーヤーは、後方からはパンツより下、正面からは太ももより下をサポートしてはいけない。また、持ち上げたあとに、前後に移動することはできない。

ジャンパーをリフティングすることが認められたが、移動することはできない

レシーバーとスローワーの“トイメン”の場所と義務が明確に

レシーバーは置かなくても構わないが、5メートルラインと15メートルラインの範囲内で味方のラインアウトプレーヤーから自陣ゴールライン側に2メートル以上離れた場所にいなければならない。スローワーの“トイメン”は必ず置き、ラインオブタッチから2メートル、5メートルラインから2メートル離れた位置に立つこと。

レシーバーは置かなくても構わない

スローワーのトイメンがラインオブタッチの2メートル以内に立ってはいけない

ラインアウト内でのポジションチェンジは開始前に

ラインアウトに参加するプレーヤーは、ボールが投入される前であれば位置を変えることができる。レシーバーとラインアウトに並んでいるプレーヤーのポジションチェンジも可能。ただし、レシーバーには、味方プレーヤーから2メートル以上離れる義務がある。レシーバーがラインアウトに走りこむこともできるが、あくまでラインアウトの開始（スロワーの手からボールが離れた）以降となる。

ボール投入前であれば、ラインアウトに参加しているプレーヤーの立つ位置を変えてもよいが、入れ替わったレシーバーは、ボール投入前にしっかり2メートル以上下がらなければならない

ボールが投入される前に、レシーバーはラインアウトに走りこんではいけない

バックスのオフサイドラインが5メートル後方になった

NO8のバインド義務など様々なルールが明確化された

スクラムに関する大きな変更点はオフサイドラインです。スクラムの際のオフサイドラインは、参加する各チームの最後尾のプレーヤーの足の位置よりも5メートル後方であることが、正式に採用されました。

また、NO8のバインド義務、スクラムホイール後のターンオーバーなどが明確化されました。

さらに、協会の決めた試合は年齢に関わらずスクラムのU19ルールが採用されることになりました。

スクラムの際のオフサイドラインは5メートル後方になった

スクラムの際、オフサイドラインはスクラムに参加する各チームの最後尾のプレーヤーの足の位置よりも5メートル後方になる。スクラムに参加していないバックスのプレーヤー(SH除く)はその位置まで下がることができる。

オフサイドラインは味方スクラムの最後尾のプレーヤーの足の位置より5メートル後方になる

ディフェンス側SHの位置は3ヶ所のいずれかになる

ボールを追って前進する

ボールを投入された位置から、ボールを追って前進するのが、もっとも一般的な動き

スクラム最後尾のライン後方区域に移動する

味方スクラムの最後尾の位置までまっすぐ下がり、その線（旧来のオフサイドライン）を越えない位置に立つ（スクラムに近接する必要はない）

最初からオフサイドライン後方に立つ

スクラム終了まで前進できないが、最初から5メートル後方のオフサイドライン後方に立つ

アタック側の「8-9プレー」の際、SHが離れていてもNO8が反対に走ってもOK

新ルールではボールを獲得した側のSHに対する特別なルールはない。そのため、アタック側が「8-9プレー」をしかけようとしたとき、SHがスクラムから離れることも、その場で待っていることも可能。また、NO８がSHにパスせず自らボールを持ち反対側に走ることもできる。

SHは離れて待っていてもOK

SHはその場で立って待っていても、スクラムから離れていても構わない

NO8が反対側に走ってもいい

NO8は必ずしもSHにパスする必要はない。SHのボールを持って反対側に走ることも可能

NO8にはバインドの義務が明確化された

スクラム時のバインドの義務が明確化された。これまで一部のチームで見られていたNO８がスクラムを組む直前にLOの腰を引っ張るという行為が禁止された。NO8、FLはエンゲージの前に必ずバインドしていなければならない。

NO8はスクラムが組まれる前にしっかりとバインドすること

LOを引いてはいけない Bad

スクラムが組まれる前にLOに腰を引っ張る行為は禁止

スクラムホイール後はターンオーバーになる

スクラムがホイールしたあと、停止したときにボールを保持していなかったチームがボールを投入することが正式なルールとして決定した。

スクラムが90度以上回り、ボールが出なかった場合は相手ボールにより再開となる

ノンコンテストスクラムが発生した場合の処置

ノンコンテストスクラムとは、フロントローを組めるプレーヤーがいなかった場合に組まれるもので、ボールを取り合わない、ボール投入側が必ずボールを獲得する、双方ともスクラムを押してはならないという点以外は通常のスクラムと同じ。試合中にノンコンテストスクラムが発生した場合、レフリーは試合主催者（協会）に報告しなければいけない。

協会の決めた試合は、年齢に関わらずU19ルールを採用

年齢に関わらず、各協会はスクラムのU19ルールを特定レベルの競技において適用することができるようになった。U19ルールは以下の4点が一般ルールと異なる。
①スクラムの人数とフォーメーションを必ず合わせ、NO8はLOの間を押すこと。
②スクラムを故意に回してはならない（PK）。45度以上回ってしまった場合はスクラムアゲイン。
③スクラムを1.5メートル以上押してはならない（FK）。
④スクラムの後方で意図的にボールをとどめてはならない（FK）。

Good

正しいNO8の位置
NO8はLOの間を押すこと

Bad

誤ったNO8の位置
誤った位置の場合、レフリーは罰則を与えるのではなく、事前に正しい位置で組ませる

故意に回してはならない

スクラムは故意に回してはならない(PK)。45度以上回ってしまった場合は、スクラムアゲインになる

1.5メートル以上、押してはならない

前方にスクラムを1.5メートル以上押してはならない(FK)

スクラム後方で意図的にボールをとどめてはならない

ボールが出せる状態になれば、速やかに出すこと。出さなければFKになる

アシスタントレフリーが正式に採用された

協会から指名がない場合はタッチジャッジを用意する

アシスタントレフリーが正式に採用になりました。アシスタントレフリーとは、協会（試合主催者）から指名されたレフリーを指します。特に指名されない場合は、従来通り、各チームがタッチジャッジを用意します。

アシスタントレフリーがタッチジャッジと違う点は、危険なプレー（不正なプレー）があったことをレフリーに報告する点だけであり、その他の反則について判定を下すといった権限が追加されたわけではありません。

アシスタントレフリー

協会から指名された公認レフリーがアシスタントレフリーの職務を果たす

不正なプレーがあった場合は、旗を使用して「フラッグイン」をする

タッチジャッジ

特に指名がない場合は、各チームがタッチジャッジを用意する

タッチジャッジには「フラッグイン」の権限はない(チームに10メートル後方等を示す場合に旗は使用しない)

その他の新ルール(各協会が導入してもよいルールを含む)

①ノンコンテストスクラムの報告義務

試合中、または試合を前にノンコンテストスクラムが発生することとなった場合、レフリーはその旨を協会に報告しなければならない

②リザーブは最大7名まで。ただし「自由入れ替え」可

テストマッチに限らず、試合のリザーブ人数は最大7名まで。ただし、協会が認めた場合は、最大12回以内なら「自由入替え制」を採用しても構わない。なお、「自由入替え制」のルールは各協会で決めることになる

③ハーフタイムは最大15分まで可

ハーフタイムを最大15分まで延長することができるようになった。ただし、テストマッチの場合は従来通り最大10分まで

協力

RICOH RUGBY FOOTBALL TEAM

リコーブラックラムズ

1953年創部。1972、73年と2連続で日本一に輝く。現在はトップリーグで活躍中。

わかりやすい ラグビーのルール

2019年11月10日発行

監　修　日本《にほん》ラグビーフットボール協会《きょうかい》

発行者　深見公子

発行所　成美堂出版

〒162-8445　東京都新宿区新小川町1-7

電話(03)5206-8151　FAX(03)5206-8159

印　刷　広研印刷株式会社

ISBN978-4-415-30729-9